WASSERSPATZEN BÄRENPRATZEN ÄPFEL AUS DEM PARADEIS

Oberfränkische Verlagsanstalt
Hof
ISBN 3-921615-94-1

Hedwig Tropschuh
Ingrid Schramm

WASSERSPATZEN BÄRENPRATZEN ÄPFEL AUS DEM PARADEIS

OBERFRÄNKISCHE
VERLAGSANSTALT

Ingrid Schramm
FUNDSTÜCK AUS DEM SUDETENLAND

Mit Ochsenfleisch, Kren und Salzkartoffeln wurden wir in Lichtenberg, im Frankenwald, bewirtet, als dort eine Buchvorstellung meines Mannes stattfand. Dieses sorgsam zubereitete Essen, das so selten in fränkischen Wirtshäusern aufgetischt wird, erstaunte mich, und während des Schmauses entspann sich ein Gespräch mit Helmut Süßmann: ich brachte einen lang gehegten Wunsch vor – es sollte einmal, und nicht nur für uns, eine Art „Armenkochbuch" geben; das müßte einfache, zugleich aber abwechslungsreiche, anspruchsvolle, indes aber keine gekünstelten Speisen enthalten ...
Bald darauf lag auf meinem Schreibtisch die Kopie von Rezepten, die einst von einer Frau im Sudetenland aufgeschrieben worden waren. Beim ersten Durchlesen mutete es an, als wären die Kochanweisungen gleich beim Zubereiten niedergeschrieben worden; manche Formulierung kam mir zunächst etwas veraltet vor, manches schien nur Eingeweihten verständlich, gleichwohl klangen mir „Buchteln", „Dalken" und „Dekagramm" nicht wie Fremdworte.
Bald stellte sich heraus, daß dies beileibe nicht nur eine Sammlung war, sondern ein Lehrbuch mit Zeugnissen einer Landschaft, die heutzutage nicht mehr zu den Ländereien deutscher Küche zählt. Zur selben Zeit nahm der Strom von Aussiedlern und Zufluchtsuchenden aus Osteuropa zu ... Da schien es mir naheliegend und notwendig, auch ein Kulturgut aus diesen Gebieten zu retten, damit es weitergetragen, auch weiter entwickelt wird, und vor allem: daß auch solche Küchengeheimnisse uns in Europa besser miteinander verbinden – denn nur Wissen überwindet störende Grenzen.
Als ich diese Rezepte mit ihren oft klingenden Namen immer wieder durchlas, begriff ich: das ist ja alles aus der allernächsten Nachbarschaft – nicht nur geografisch. Greifbar nahe stehen bei mir Bücher der sardischen und sizilianischen, gar amerikanischen Küche, der polnischen und russischen, auch der böhmischen Küche: aber in meiner Kochbuchsammlung stellte diese Küche bislang einen weißen Flecken dar.

Wie ich mich nun in dieses Fundstück aus dem Sudetenland vertiefte, tauchten Erinnerungen an ganz ähnliche Speisen auf, wie sie meine Mutter einst in Oberschlesien gekocht, gebraten und gebacken hat. Freilich waren diese Speisen nie aufgeschrieben worden. Deutlich entsann ich mich, wie ich noch vor einigen Jahren – vor Weihnachten – mit meiner Mutter und mit Verwandten telefonierte, um genau zu wissen, wie die Bohnensuppe, die Karpfen, das Sauerkraut, die Mohnsemmeln und das Backobst zubereitet werden müssen. Die handgeschriebenen Zettel sind schon ziemlich zerfleddert und voller Speisenabdrücke – aber aus ihnen schmeckt auch ein Stück Heimat. Je mehr ich mich in die „Wasserspatzen" und „Bärenpratzen" einlas, desto mehr erkannte ich: Hier hast du etwas gefunden, was dich auch mit Menschen verbindet, die weit verstreut in ganz Deutschland leben. Dieses schon beinahe verloren geglaubte Wissen sollte erhalten bleiben; es ist ja auch ein Kulturzeugnis von Menschen, die in ihrer Heimat Ansprechendes zustande gebracht haben.

Als ich von dem Plan der Überarbeitung und Neuausgabe im Bekanntenkreis erzählte, wurden hie und da Bedenken laut: schon allein das Wort „sudetendeutsch" sei doch so besetzt – man denke sofort und allein an die „Sudetendeutsche Landsmannschaft"... Darauf war zu erwidern, daß eine einst weitverbreitete Küche nach wie vor eine sudetendeutsche bleibe – egal welche politischen und sonstigen Einfärbungen das Wort „sudetendeutsch" noch hat: es darf einem nicht geraubt werden.

Ein ganz anderer Einwand galt der großen Bedeutung, die man dem Fleisch in dieser Küche beimißt – viele Menschen sind ja inzwischen geradezu gläubige Anhänger einer ‚reinen Ökoküche'... Solche Reinheitsfanatiker rufen bei mir Skepsis hervor: ‚die allein richtige Küche' gibt es nicht. Guten Gewissens konnte ich entgegnen: Diese sudetendeutsche Küche ist gar keine reine Fleischküche, vielmehr erinnert sie mit Bedacht an ‚Fleischtage' in der Woche. Das ist verständlich, weil damals auf dem Lande regelmäßig geschlachtet wurde. In dieser Vorbereitungszeit fiel mir auf, wie selbstverständlich bei uns Schaschlik, Pizza, Döner Kebap und andere Exoten heimisch geworden sind; sogar die ‚böhmische Küche' findet hie und da ein eigenes Wirtshaus – nur die „sudetendeutsche" schien verschwunden, zumindest aus dem öffentlichen Bewußtsein. Man geht ‚zum Griechen, zum Chinesen, zum Italiener'... aber nirgendwo ‚zum Sudetendeutschen' ... So empfand ich es als eine Verpflichtung, diesen sudetendeutschen Zugang zum Kochen erneut zu veröffentlichen – zumal er eine weite Palette von Speisen enthält.

Die „einfache bürgerliche Küche" dieser Landschaft galt in erster Linie nicht der Gaumenverwöhnung, sondern der Gesundheit desjenigen, der arbeitet. Sie steht durchaus auch in einer biblischen Tradition: „Alles, was sich regt und lebt, das sei eure Speise" (1. Mose 9,3). Diese Sammlung gibt eine Vorstellung davon, daß an manchen Festtagen nicht bloß gegessen und getrunken, sondern aus Herzenslust gefressen und gesoffen wurde – damals hatte die Woche noch sechs harte Werktage, aber dann auch einen deftigen Sonntag.

Es verwunderte mich nicht, heuer in einer Zeitung zu lesen, daß in Oberfranken – in Bayreuth – sogar ein Symposium mit Professoren veranstaltet wurde, auf dem vom Essen als einer „interkulturellen Verständigung" gesprochen wurde. Schon Friedrich Nietzsche, an dessen Wohnung im „stillen und aristokratischen" Turin wir heuer gestanden sind, hatte Eß-Ordnungen als „Offenbarungen über Kulturen" bezeichnet. Wahrscheinlich wäre derselbe Nietzsche schlecht zu sprechen auf eine heutige „internationale" Einheitskost, die auch in manchem fränkischen Wirtshaus nicht viel mehr als Schweinebraten, Wiener- und Jägerschnitzel, sowie Hähnchen anbietet, und dazu einen ‚Salat', der zumeist nichts anderes ist als Gemüsegemisch aus der Dose ...

Wieder einmal bestätigt ein Kochbuch, daß Kochen durchaus eine Kunst ist – und wer sich mit Fremden an einen Tisch setzt, der will ja gerade das Verschiedenartige, also das Eigenartige kennenlernen ... Unsere Fahrten durch die Tschechoslowakei gaben uns noch manchen Nachklang an diese Küche der Sudetendeutschen.

Was mir an dieser Sammlung von Rezepten am Besten gefiel: Sie ist eine Grundschule für das Kochen überhaupt; von Rezept zu Rezept wird aufgebaut, und nach und nach hat jeder Leser seine Grundsteine sich angeeignet, auf die er nach mancher Erprobung aufbauen kann. Dieses Ratgeberbuch zeigt auch ein Verlangen nach Ursprünglichem, das seine Grenzen kennt. Ein Grundsatz dieser Küche gilt dem ‚Guten' und ‚Preiswerten' für jedermann. Die vertrauten Grundregeln sind nicht nur für den einstigen Heimatvertriebenen eine Kostbarkeit, sondern für jeden, der daran erspüren will, wie unter bestimmten Lebensbedingungen eine eigenständige Kochkunst auch als Lebenskunst heranwuchs, die unverzichtbar zu einer Kultur gehört. Auffallend ist auch, daß diese nicht raffinierte, sondern eher ländlich gediegene Küche noch die Prinzipien der Selbstversorgung kennt – also den eigenen Hausstand auch als einen Ort der Selbständigkeit anlegte. Neben mancher Eigenart wirkt auch der häufige Einbezug des Ingwers als Gewürz – eine Fähigkeit, mit dem Verfügbaren fantasievoll umzugehen.

Nach einer Weile der Aneignung ist es unschwer, sich die Maßeinheit des „eischwer" zu merken: eben so schwer wie ein Ei. Das sind Zeichen des unmittelbaren und sicheren Umgangs mit den Dingen, zeugt von praktischem Sinn, der eher durch Bilder das rechte Maß findet als sich immer auf genaue Grammangaben zu verlassen.

Mühelos ist es auch, sich die sudetendeutschen Bezeichnungen anzueignen: Kapuste für Wirsing, Karfiol für Blumenkohl, Paradeiser bzw. Paradeisäpfel für Tomaten, Ribisel für die roten Johannisbeeren, Powidel für Zwetschkenmus und Zeller für Sellerie.

Inzwischen ist auch der etwas festere Quark, der Topfen, bei uns wieder bekannt geworden. In Bayern werden die sonst Pfifferlinge genannten Schwämme ja auch Schwammerln genannt. Leicht zu merken ist durch den Nachklang des Tätigkeitswortes der „Schmetten" als Rahm, süßer bzw. saurer. Daß „seimig" unserem „sämig" entspricht, ergibt sich schon durch den Gleichklang.

Den sudetendeutschen „Kren", den Meerrettich, kennt man im Fränkischen unter derselben Bezeichnung: einst brachten ihn die „Gree-Weibla" aus dem Knoblauchsland auf den Markt. Hier ist freilich die Krenstange gemeint.

Auch die Plinsen sind uns, durch polnische und russische Rezepte, nicht völlig fremd. Liwanzen und Dalken freilich lassen sich durch kein anderes Wort übersetzen – hier muß ersetzt werden. Doch gibt es ja auch bei uns runde Pfannen mit runden Vertiefungen darin: eben das ist dann die „Dalkengröße".

Übrigens haben auch die weißlichen Rüben, die unter der grünlichen Schale orange schimmern – die Dorschen –, längst auf unseren Märkten wieder Einzug gehalten.

Die „Wasserspatzen" und „Bärenpratzen" sind also auch eine Bereicherung für unsere Sprache.

Eine irdene Kasserolle entspricht einem Tongefäß. Wenn hier vom „Häuptelkraut" die Rede ist, dann ist der Krautskopf gemeint. Auch

das „Dampl“ teilt sich mühelos als ein Gefäß mit – in kleiner Gestalt diente es als „Hefedampl“. Mit der „Milke“ wurde zumeist jene Flüssigkeit bezeichnet, die sich u.a. beim Quark absetzt.
Über die landschaftliche Identität hinaus hat es mir noch etwas anderes in diesem Kochbuch angetan: Es baut organisch auf, und man merkt den Anweisungen noch das sprechende, anweisende Wort an. Durch diesen umgangssprachlichen Ton wirken die knappen Rezepte auch wie Illustrationen, kurz und bündig, einer entschlossenen Handlung – gelegentlich den Bildern einer „Armenbibel“ entsprechend: nur das Wesentliche wird erwähnt.
Mit diesem Kochbuch, das nicht nur für den „fünften Stamm“ Bayerns gedacht ist, spürt man, daß da mit Gefühl gekocht wurde, und man weiß immer, was man ißt – da brauchte es kein modernes Styling.
Dieser Grundkurs, der eine deutsche ‚Geheimküche‘ wiederentdeckt, gibt jedem soviel Rüstzeug, daß er entsprechend seinen Erfahrungen variieren kann. Schon damals wurde zum Vollkornbrot geraten; die Selbstzubereitung von allem stand hoch im Kurs – wer selbst mit allen Elementen umgehen kann, vermag sie auch aufeinander abzustimmen. Jeder wird Bekannte haben, die inzwischen schon keinen Fisch mehr zu Hause zubereiten, weil dann die ganze Wohnung nach Fisch ‚stinkt‘ …
„Wasserspatzen, Bärenpratzen und Äpfel aus dem Paradeis“ duften auch – auf daß einem das Essen am schön gedeckten Tisch immer mundet: 365 Tage im Jahr.

ZUR GESCHICHTE DIESES BUCHES

Am 26. Juli 1927 schrieb Hedwig Tropschuh, in Hradzen bei Staab, das Vorwort zur ersten Auflage ihres Kochbuches „der einfach gutbürgerlichen Küche". Ihre Absicht war zunächst, ein Lehrbuch für „Landfrauen und Landmädchen" herauszugeben, denen sie in Abendstunden eine „Kochschule" hielt. Die Niederschrift dieser 'Belehrungen' war auch als Ermunterung für diese Frauen gedacht. Ihre Kochkurse dauerten in der Regel vier Wochen und schloßen mit einem „Tanzkränzchen" ab, „dessen Reinertrag mit zur Begleichung der Kochausrüstung verwendet wurde". Der Beginn dieser Lehrtätigkeit, die auch als „Heimatpflege" verstanden wurde, lag im Winter 1925/26.

Um Fehlern in den Mitschriften ihrer Schülerinnen abzuhelfen, entschloß sich Hedwig Tropschuh zur schriftlichen Fassung ihrer Kenntnisse. Dabei gab sie auch getreulich die Namen jener Frauen wieder, die ihr hin und wieder 'eigene' Rezepte weitergaben; es waren dies: Anna Schubert (Schüttarschen), Frau Woller (Staab), Anna Fleischmann (Schüttarschen), Rosa Raßl (Kuttenplan), Friedl (Bruck), Resi Bewyl (Hartmanitz), Mathilde Linhart, Ida Schmid (Hesselsdorf), Anna Loos (Reichenberg), Frau Syha (Auherzen), Gretl Pawlik (Widana), Hermi Marsch, Frau Stell (Staab), Gertrude Fleischmann (Schüttarschen), Anna Linhart (Hradzen) und einer Frau Ott.

Wieder an einem 26. Juli, nun im Jahre 1949, legte Hedwig Tropschuh, eine geborene Linhart, ihr Kochbuch ein zweites Mal auf – mit einem kurzen Geleitwort, geschrieben in Parensen (bei Nörten-Hardenberg im Kreis Göttingen). Unter dem Eindruck der Vertreibung aus der Heimat schrieb sie: „So dachte ich mir, wenn die Gablonzer, die Holleischner Spielzeugerzeuger, die Erzgebirgler Spielwaren-Erzeuger und die Böhmerwäldler und auch die Klöppelarbeiterinnen und viele andere Werktätige und geistige Arbeiter ihre Arbeiten hier in der aufgezwungenen neuen Heimat einbürgerten und ausüben, dann soll auch das Kochbuch als sudetendeutsches Vermächtnis hier Verbreitung finden ..."

Eine dritte Auflage der nunmehrigen Hedwig Schmitt-Tropschuh aus Hradzen erschien 1955 – in Oberfranken: im ehemaligen „Frankonia-Verlag" Rehau, und gedruckt bei der Oberfränkischen Verlagsanstalt in Hof/Saale...

Bei der Durchsicht der Ausgabe von 1955 wurden stilistische Ungereimtheiten beseitigt, der Stil der Anleitungen jedoch beibehalten. Die Form der Darbietung der Rezepte wurde einheitlicher gestaltet, dabei die Aufeinanderfolge der Hauptkapitel in der ursprünglichen Form gewahrt.

Vier kleine Kapitel, in Form eines kleingedruckten Anhangs, wurden aus folgenden Erwägungen fortgelassen: hierzu gibt es eine Fülle von umfassenderen Rezeptbüchern auf dem Markt, die überdies neue Erkenntnisse berücksichtigen, zumal der Wissensstand dieser ursprünglichen Ergänzungen – verglichen mit heutigen Einsichten grundsätzlicher Umarbeitungen bedurft hätte. Die vier kleinen, und gestrichenen Kapitel widmeten sich dem Sojamehl, der Gelatine als diätetischem Mittel, der Kranken- und Säuglings-Beikost.

Manchmal schließen sich auf eigenartige Weise die Kreise des Weiterreichens: in ihrem letzten Vorwort riet die erste Herausgeberin, bei der „einfachen, heimatlichen Küche" zu bleiben und Mittwoch und Freitag die „Fasttage ohne Fleisch" zu halten; auch hielt sie den Charakter der heimatlichen Küchengewohnheiten für ein erhaltenswertes „Kulturgut". Dies Vorwort zur Frucht ihrer „Wanderkochkurse" schrieb sie im Frühjahr 1955 – in Nürnberg. Und in Nürnberg schloß, ebenfalls an einem 26. Juli, 34 Jahre später, die „Nachfolgerin" ihre Arbeit ab.

NÜRNBERG, am 26. Juli 1989

I

MIT TROPFTEIG ODER GRIESS

Einfache Suppen

Auf keinem Mittagstisch sollte eine Suppe fehlen, da sie dem Körper die nötige Wassermenge zuführt, die sonst meist nach dem Essen getrunken wird und auf diese Weise dem Körper gar nicht so gut bekommt.
Man muß dabei gar nicht immer nur starke Fleischsuppen herstellen. Die sudetendeutsche Küche ist eine Fundgrube für viele einfache Suppen, die man auf einfache Weise reichhaltig abwandeln kann.
Als Grundregel gilt: für jeweils eine Person rechnet man meist einen halben Liter Suppe: das ist, als Faustregel, ein gut gefüllter tiefer Teller.

Mit Grieß

Die nötige Menge Wasser wird zum Sieden gebracht und gesalzen, Fett- oder (besser) Buttereinbrenne eingerührt und nun läßt man pro Person einen Eßlöffel Grieß langsam unter Umrühren einlaufen, salzt, quirlt ein Ei mit etwas kaltem Wasser gut ab und gießt dies in die Suppe. In die fertige Suppe feingehackte Petersilie und Schnittlauch.
Fett- und Butter- oder Inselt-Einbrenne wird hergestellt, indem in einer Kasserolle 1/2 Eßlöffel Fett (oder mehr, nach Bedarf) zerlassen wird, Mehl dazugegeben und so lange am Feuer gerührt, bis die Einbrenne lichtbraun ist.
Man würzt mit einer Messerspitze Pfeffer oder 1–2 Lorbeerblättern oder 1 Messerspitze Muskatblüte oder Majoran, Knoblauch; auch etwas Ingwer, Suppenwürze kann nach Belieben dazukommen.

Mit Reis

Soviel Eßlöffel Reis, als Personen zu speisen sind, werden gewaschen, mit kaltem Wasser ans Feuer gesetzt, langsam aufkochen lassen. Indessen bereitet man die einfache Suppe, wie vorher beschrieben,

gießt den weichgekochten Reis dazu und läßt die Suppe noch einmal aufkochen.
Vor dem Auftragen kann man mit etwas Suppenwürze noch verbessern.

Mit Graupen

Die nötige Menge Graupen, 1 Eßlöffel für 1 Person, waschen, mit kaltem Wasser zustellen und weich kochen lassen. Indessen die einfache Suppe herstellen und nun entweder die ganzen, weichgekochten Graupen dazugießen oder nur den abgeseihten Schleim. Mit etwas Suppenwürze verbessern.
Diese Suppe heißt man Schleimsuppe; als Kranken- und Kindersuppe ist sie sehr geeignet.

Mit Tropfteig

In die fertiggestellte einfache Suppe tropft man den Tropfteig ein. Tropfteig wird zubereitet, indem ein Ei oder mehrere Eier mit etwas Wasser und Mehl gut gequirlt werden, bis ein flüssiger Teig entsteht, der, in die kochende Suppe langsam gegossen, kleine Tropfen ergeben muß. Ist er zu locker, zerkocht er sich, ist er zu fest, entstehen zu große Klumpen.

Mit Nudeln oder Fleckeln oder Reibteig

Auf ein Nudelbrett wird etwa 1/2 Pfund Mehl gegeben und ein Ei aufgeschlagen und mit dem Mehl zu einem festen Teig verknetet, der ausgewalkt, in Nudeln oder Fleckeln geschnitten wird; der fest geknetete Teig kann auch auf einem Reibeisen abgerieben werden.
Nudeln, Fleckeln oder Reibteig werden in die fertige einfache Suppe eingekocht und noch eine kleine Weile gekocht. Zuvor kann man noch etwas Suppenwürze beifügen.

Mit Ei

In die fertige, eingebrannte Suppe wird ein mit Wasser zerquirltes Ei eingerührt, als Würze 1/2 Messerspitze Muskatblüte.

MIT PFLANZEL ODER LEBERREIS

Gemüsesuppen

Zu 3 Liter Wasser nimmt man 2 gelbe Rüben, ein eigroßes Stück Sellerie, ein kleines Stück Petersilie und Zwiebel, 3 Pfefferkörner, 3 Neugewürz, ein kleines Stückchen Ingwer und 1 Lorbeerblatt, kocht das gutgewaschene Gemüse etwa 1 Stunde auf, seiht ab, kocht Einbrenne in die Suppe ein und gibt nun die nötige Menge Reis, Grieß, Graupen, Tropfteig, Nudeln, Fleckeln oder Reibteig dazu. (Je nach Personen: ein Eßlöffel pro Person).

Mit Leberknödel

Leberknödel werden in einem Teller zubereitet, indem man ein Stückchen Butter oder Fett gut abrührt, 1 Ei und 4 bis 5 Eßlöffel Milch und einige Löffel Semmelbrösel abwechselnd dazurührt, 50 g Leber, fein gehackt, etwas Salz und gestoßenen Pfeffer und feingehackte Zwiebel. Man mengt alles gut durcheinander und läßt die Masse etwa 1 Stunde stehen zum Aufquellen, sticht dann mit dem Löffel eiförmige Knödel ab, die man in die abgeseihte, kochende Suppe einlegt, und läßt sie (erst eins zur Probe kochen, ob nicht zu locker oder zu fest) einige Minuten aufkochen. Man kann auch runde Knödel formen.

Mit Leberpflanzel

Zu Leberpflanzel werden dieselben Zutaten verwendet, nur wird das Eiweiß mit einer Gabel am Teller zu Schnee geschlagen und der Dotter mit Butter verrührt. Die Masse darf nur ganz locker sein, wenn sie in eine gut gefettete Kasserolle kommt. Lichtbraun backen, in Würfel schneiden und in die Suppe zum Aufkochen werfen.

Mit Leberreis

Auch für den Leberreis nimmt man dieselben Zutaten wie zum Leberpflanzel, nur wird die Lebermasse etwas lockerer gemacht und durch ein Erbsensieb gedrückt, welches man über die abgeseihte kochende Suppe hält, in die man die Masse einrührt. Es fallen erbsengroße Formen in die Suppe.

Knochensuppe

In der Gemüsesuppe werden zugleich Knochen mitgekocht. Einlagen, wie vorher genannt, nach Belieben.

GUTES VOM RIND

Fleischsuppen

Suppenfleisch vom Rind wird mit kaltem Wasser aufgestellt, etwas gesalzen, und erst nach 1–1 1/2 Stunden wirft man das Gemüse (wie bei der Gemüsesuppe angegeben) in den Topf und auch etwas Neugewürz und Pfeffer (3–4 Körner auf 6 Personen), etwas Ingwer und 1 Lorbeerblatt.
Von 2 Pfund Rindfleisch erhält man 2 bis 4 Liter Suppe, in welche man, sobald sie abgeseiht ist, Reis, Grieß, Graupen, Tropfteig, Nudeln, Fleckeln, Reibteig, Leberknödel, Leberpflanzel, Leberreis, Mehlpflanzel, Grießnockerln, Kartoffelpflanzel hineinkocht oder würflig geschnittene, in Butter oder Fett geröstete Semmel gibt.

Mit Mehlpflanzel

In einem tiefen Teller wird ein Stückchen Butter mit einem Dotter gut verrührt und etwa eine Messerspitze Salz und etwas Muskatblüte dazugegeben, sowie Schnee vom Eiklar, mit der Gabel in einem Teller fest geschlagen, dann wird der Masse 1 Eßlöffel Mehl beigegeben und in einer Kasserolle in der Röhre gut gebacken.
Nach dem Erkalten in kleine Würfel schneiden und in die kochende Suppe werfen, eine Minute aufkochen lassen und mit Würze verbessern.

Mit Grießnockerln

Diese werden erst eine kurze Zeit vor dem Essen zubereitet: 1/2 Eßlöffel Fett oder Butter rührt man mit 2 Eiern und zwei Eßlöffel Wasser, einer Messerspitze Salz, Muskatblüte und Grieß gut ab, daß eine mittelfeste Masse entsteht. Nun sticht man kleine Knödel mit dem Löffel ab und legt sie in die kochende Suppe ein, wo sie eine Viertelstunde aufkochen müssen.

Mit Kartoffelpflanzeln

2–3 Kartoffeln werden tags vorher mit der Schale gekocht. In einem tiefen Teller 1/2 Eßlöffel Butter oder Fett abrühren, mit einem Dotter, Salz und Muskatblüte, dem Schnee von 1 Eiweiß und die feingeriebenen Kartoffeln leicht darunterrühren.
Die Masse in gut gefetteter Form backen, ausgekühlt in Würfel schneiden und dann in die kochende Suppe zum einmaligen Aufkochen werfen.

Mit gerösteten Semmelwürfeln

In einer Kasserolle läßt man ein Stückchen Butter zergehen und röstet darin die in Würfel geschnittenen Semmelstückchen, läßt sie abkühlen und wirft sie erst vor dem Essen in die Suppe.
In alle vorhergenannten Suppen kann man feingeschnittenen Schnittlauch oder feingehackte Petersilie geben.

DOPPELTE EINLAGE

Festtagssuppen

Nach den vorhergegangen Grundrezepten lassen sich die Festtagssuppen herstellen. Sie bestehen aus einer Verbindung von jeweils zwei verschiedenen Einlagen. Die Festtagssuppe ist dabei immer die schon bekannte Fleischsuppe – und dazu die folgenden Verbindungen:

Fleischsuppe mit Leberknödeln und Kartoffelpflanzel.
Fleischsuppe mit Leberreis und Kartoffelpflanzel.
Fleischsuppe mit Leberpflanzel und Reibteig.
Fleischsuppe mit Leberknödeln und Mehlpflanzel.
Fleischsuppe mit Leberpflanzel und Kartoffelpflanzel.
Fleischsuppe mit Grießnockerln und Leberreis.

VOM KARFIOL ZUM GÄNSEKLEIN, VOM KUTTELFLECK ZUR BUTTERMILCH

Verschiedenartige Suppen

Gulaschsuppe

In Fett Zwiebel (je nach Geschmack) licht rösten, 2 Messerspitzen Paprika oder Pfeffer, etwas Essig, darin 1 Pfund kleingeschnittenes Rindfleisch dünsten: im eignen Saft; erst wenn dieser einkocht, etwas Wasser zugießen und weich dünsten.
Wenn das Fleisch fast weich ist, 4 große Kartoffeln dazu und mitkochen lassen, die man zuvor in Würfel geschnitten hat; etwas Kümmel und Knoblauch dazu, mit Mehl bestreuen und verrühren, und dann erst so viel laues Wasser dazu, als man Suppe braucht. Etwas Brot dazu essen.

Fischersuppe

Einige Kartoffeln in Würfel schneiden und mit Wasser, Salz, Kümmel kochen, dann etwas geröstete Zwiebel, Buttereinbrenne und Nudeln oder Hörnchen dazugeben.

Rasche Suppe

Auf einen tiefen Teller legt man rasch 1/2 Kaffeelöffel Butter, einige Würfel Brot oder Semmel, etwas Salz und gießt nun 1/2 Liter kochendes Wasser darauf. Noch etwas Fleisch- oder Kräuterwürze dazu. Statt der Würfel kann auch ein Dotter oder ein ganzes Ei in den Teller gegeben werden.

Knoblauchsuppe

In einen Teller legt man 1–2 Zehen feinzerdrückten Knoblauch, salzt und gibt ein Stückchen Fett oder Butter dazu, Semmel oder Brotwürfel. Gießt dann 1/2 Liter kochendes Wasser darauf, und die Suppe ist fertig.

Einfache Suppen von Porree, Spinat, Kapuste, Weißkraut, grünen Erbsen und Bohnen.

Zubereitung: Immer auf gleiche Art. Das Gemüse wird zerkleinert, in der nötigen Wassermenge weich gekocht, mit Fett- oder Buttereinbrenne gebunden und gesalzen. Mancher mag dazu Kümmel, Pfeffer, Würze.

Paradeisäpfelsuppe

In eigroß frischer Butter läßt man 1 Eßlöffel feingeschnittene Zwiebel und 40 g Mehl anlaufen, rührt mit 1 1/2 l Wasser glatt, gibt Suppenwürfel, 6 – 8 in Scheiben geschnittene, reife Tomaten, etwas Salz, eine Prise weißen Pfeffer hinein und läßt 1/2 Stunde kochen. Dann streicht man die Suppe durch ein Sieb, bringt sie wieder zum Kochen und läßt 3 – 4 Eßlöffel Reis darin aufquellen.
Vor dem Anrichten schmeckt man mit Salz ab; auch etwas Muskatnuß oder Zucker kann hinein. Ebenso Hörnchen oder breite Nudeln, eingekocht, passen dazu.

Karfiolsuppe

Ein Karfiol wird gut abgeputzt, gewaschen und in Salzwasser weich gekocht. Das abgeseihte Wasser wird mit lichter Fett- oder Buttereinbrenne aufgekocht, der Karfiol in Stücke zerschnitten, hineingelegt und kleine in Fett geröstete Semmelwürfel dazu.

Bohnensuppe/Linsensuppe

Bohnen werden abends eingeweicht und früh mit demselben Wasser aufs Feuer gesetzt. Etwa 2 Stunden vor dem Essen gibt man etwas Gemüse und einige zerschnittene Kartoffeln dazu, drückt die Bohnen mit durch; man nimmt aber vorher einige Eßlöffel Bohnen heraus und gibt diese, wenn die Suppe licht eingebrannt ist, wieder hinein. Zuletzt etwas gestoßenen Pfeffer, etwas Essig und Salz nach Bedarf, Petersilie.
Die Linsensuppe wird wie die Bohnensuppe zubereitet.

Erbsensuppe

Die Erbsen, 1/2 Pfund für 3 Liter Suppe, abends vorher in Wasser legen, damit sie aufquellen und beim Kochen bald weich sind. Dann durchpassieren, die Suppe licht einbrennen und etwas Knoblauch oder Pfeffer, geröstete Zwiebel und Salz dazu. Kleine länglich geschnittene Brotstückchen, in Fett geröstet, ergänzen die Suppe.

Kartoffelsuppe - drei Arten

1. Geschälte, gewaschene Kartoffeln mit Salz und Kümmel auf die heiße Platte stellen, sobald die Kartoffeln weich sind, diese zerdrükken, Fett- oder Rinderfetteinbrenne hinein und mit in Fett gerösteten Zwiebeln oder etwas Majoran oder gestoßenem Pfeffer auftragen.
2. Geschälte Kartoffeln mit Gemüse, fein zerschnitten, Schwämme zum Weichkochen auf Feuer stellen, Inselt- oder Fetteinbrenne hinein und etwas Petersilie, feingehackte oder getrocknete.
3. Geschälte Kartoffeln mit Kümmel und Salz zum Weichkochen aufstellen, gut zerdrücken, Buttereinbrenne hinein, auf 3 Liter Suppe 1/4 Liter süßen Schmetten einrühren.

Kümmelsuppe

Die nötige Menge Wasser wird auf die Platte gestellt und für 3 Liter Wasser 1 Eßlöffel Kümmel aufgekocht. Fetteinbrenne, Salz und ein Ei hineingequirlt: gibt auch eine gute Krankensuppe.

Selchfleischsuppe

In das kochende Wasser, in welchem das Selchfleisch gekocht wurde, Selchsuppe genannt, gibt man etwas Fetteinbrenne oder kocht nur Grieß, oder Reis, Graupen, Tropfteig, Nudeln, Fleckeln oder Reibteig ein.

Kuttelflecksuppe

Die reingewaschenen Kuttelflecke, 1 Pfund auf 3 Liter Wasser, 1/2 Stunde gekocht und das Wasser abgießen; nun frisches Wasser darauf und noch 1/2 Pfd. Rindfleisch dazu, kocht bis zum Weichwerden, seiht die Suppe ab, verkocht sie mit Einbrenne und gibt etwas gestoßenen Pfeffer, Ingwer gerieben, Salz auch Knoblauch hinein und wirft zuletzt die in feine Nudeln geschnittenen Kutteln und ggf. das Rindfleisch dazu. Salzen nach Bedarf.

Hühner- und Gänsekleinsuppe

Unter Hühner- und Gänseklein versteht man den Kopf und Kragen, den Magen, das Herz und die Leber, ferner die Füße des Geflügels. Gut ausgewaschen, in Salzwasser und Gemüse gekocht, gibt es eine gute Krankensuppe.
Man kocht in die abgeseihte Suppe meist nur Grieß oder Reis und schneidet Magen, Herz und Leber in feine Stückchen, zerschneidet auch den Kragen auf kleine Teile und wirft dann alles in die Suppe. Auch etwas Butter- oder Fetteinbrenne kann man dazugeben.

Hennensuppe

Eine Henne wird mit 1 Pfund fettlosem Rindfleisch weichgekocht, unter Beigabe von etwas Gemüse und Salz. Ist beides weich, wird die Suppe abgeseiht und das Fett fast ganz abgeschöpft, Reis eingekocht und so den Kranken oder Genesenden zum Essen vorgesetzt.
Das Fleisch wird entweder feingeschnitten in die Suppe gelegt oder anderweitig verwendet.

Kaninchensuppe

Ein Stück Kaninchenfleisch wird mit Gemüse, Pfefferkörnern und Lorbeerblatt 1 Stunde gekocht, dann abgeseiht. Lichte Fett- oder Buttereinbrenne hinein, salzen und das kleingeschnittene Kaninchenfleisch dazu.

Echte Fischsuppe

Ist der Fisch ausgenommen, so wäscht man die Fischeier oder die Milch gut ab und stellt sie mit 1 Liter kaltem Wasser zum Kochen auf. In einem anderen Topf mit 2 Liter Wasser kocht man Sellerie, Petersilie und gelbe Rüben auf, die man in kleine Würfel schneidet. Sobald sie weich sind, seiht man die Gemüsesuppe ab, kocht lichte Buttereinbrenne darinnen auf und gibt das Gemüse wieder hinein. Nun wird auch die Fischeier- oder Milchmasse im anderen Topf fein zerquirlt und dazu gegossen, gesalzen und zuletzt gibt man würflig geschnittene, in Butter geröstete Semmel dazu.

Falsche Fischsuppe

Diese wird in 3 Liter Wasser mit etwas mehr Gemüse so wie die Fischsuppe gemacht, nur bleiben Fischeier oder Milch weg.

Biersuppe/Weinsuppe

1 Liter Bier wird mit 100 g Zucker und etwas Zimt aufgekocht. Dann quirlt man 4 Eßlöffel Schmetten, 1 Eßlöffel Mehl und 2 Dotter gut durch, gießt dies in die kochende Suppe, und sobald diese dicklich wird, zieht man den Suppentopf vom Feuer weg, rührt aber noch eine Weile weiter. Etwas Salz dazu.

Die Weinsuppe wird ebenso zubereitet, nur anstatt Bier weißer oder roter Wein verwendet.

Buttersuppe

In 1 Liter kochendes Wasser gießt man braune Butter, d.h. 1/2 Eßlöffel Butter läßt man auf der heißen Platte zergehen und aufkochen, bis sie bräunlich aussieht, doch darf sie nicht verbrennen. 1 Ei wird mit 2–3 Eßlöffeln kalten Wassers aufgequirlt und in die Suppe gegossen, welche man vorher von der heißen Platte wegzieht. Würflig geschnittene Semmel gibt man vor dem Essen auf den Teller und gießt die heiße Suppe darüber. Salzen.

Einfache Milchsuppe

Milch wird aufgekocht, gesalzen und mit klein geschnittenem Brot gegessen.

Milchsuppe mit Weißbrot

Man setzt trockenes, in Stücke geschnittenes Brot mit kaltem Wasser auf und bringt es zum Kochen, gießt dann die Hälfte Milch hinein und läßt aufkochen; unterdessen rührt man mit dem anderen Teil der Milch etwas Mehl an und schüttet dieses in die kochende Suppe. Man muß aber stets auf dem Grunde des Topfes rühren, bis das Mehl gut aufgekocht ist, weil sowohl Mehl als Brot leicht anbrennen. Zuletzt kommt das nötige Salz und nach Belieben Zucker hinzu.
Für Kinder oder Kranke bereitet man diese Suppe nur aus Weißbrot und Milch, letzterer kann man nach Gutdünken noch Wasser zusetzen.

Süße Milchsuppe

In die kochende Milch quirlt man etwas Wasser mit Mehl, verrührt, damit sie sämig wird. Salz und Zucker dazu.

Sagosuppe mit Milch

Das Wasser wird mit Zucker und einem Stückchen Zimt gekocht; dann schüttet man langsam unter beständigem Rühren den Perlsago hinein und läßt ihn weich kochen. Zuletzt tut man die Milch und etwas Salz hinein.
Sago muß 3/4 Stunde kochen.

Buttermilchsuppe mit Gerstel

Graupen abends einweichen. Man kocht die Gerstel weich und seimig mit Wasser und schüttet darauf die Buttermilch hinein mit etwas Salz und Zucker.
Wohlschmeckend wird diese Suppe, wenn man weichgekochte, getrocknete Birnen oder süße Äpfel zuletzt darunter mischt; auch Rosinen passen hinein.

Einfache Mehlsuppe

Man läßt Wasser, Fett und Salz aufkochen, rührt etwas Weizen- oder Hafermehl mit Milch an und gießt dies unter das kochende Wasser unter längerem Umrühren.

Gebrannte Mehlsuppe

Man macht Fett in einem Topf heiß und rührt das Mehl darin gelb. Dann füllt man es mit kaltem Wasser langsam unter stetem Rühren auf, würzt mit Salz und Suppengrün und läßt die Suppe garkochen; sie brennt leicht an. Zuletzt noch Würze dazu.

Gebrannte Mehlsuppe mit Milch

Man röstet 1/4 Pfd. Mehl braun und füllt es langsam mit Wasser auf. Dann fügt man etwas Vanille zu und läßt es kurze Zeit kochen. Nun gießt man die Milch ein und würzt mit Zucker und Salz. Zuletzt läßt man die Suppe nochmals aufkochen.

Haferschleim

Hafergrütze wird mit kaltem Wasser mehrmals gewaschen und mit reichlich frischem Wasser aufgesetzt. Man läßt sie eine Stunde kochen und verfährt weiter wie bei Gerstenschleim angegeben.
Sowohl Gersten- wie Hafergrützschleim läßt sich mit Butter und Salz als Suppe bereiten und durch Zusatz von Rahm oder Milch und Eidotter wohlschmeckend machen. Auch mit Fleischbrühe kann man beides benutzen.

Hafergrützsuppe

Die Hafergrütze setzt man mit kaltem Wasser auf. Des leichten Anbrennens wegen schiebt man sie an die Seite des Herdes und rührt bisweilen kräftig mit dem Löffel über den Boden des Topfes. Man läßt die Suppe eine starke Stunde langsam kochen. Dann schlägt man sie durch, setzt sie wieder auf, fügt Magermilch zu und würzt mit Zucker und Salz. Zuletzt läßt man sie nochmals aufkochen, indem man fortwährend mit einem Holzlöffel über den Boden des Topfes rührt.

Haferflockensuppe

Man kocht 1/2 Liter Wasser und 1 Liter Magermilch. Unterdessen rührt man 5 Eßlöffel Hafer mit kaltem Wasser an und fügt sie der kochenden Milch zu und läßt 10 Minuten kochen. Man würzt mit Zukker und Salz.

Grießmehlsuppe mit Milch oder Fett

Man kocht Wasser und Milch. Dann streut man das Grießmehl unter beständigem Rühren hinein, weil es sich leicht zu Klümpchen zusammensetzt. Man kann nach Belieben Zucker und Zimt zusetzen. Grießmehl läßt sich auch als Wassersuppe, mit Fett, Salz und Suppengrün zubereiten, wenn man sie beim Anrichten mit einem Ei abrührt.

Grießmehl braucht nur 1/4 Stunde zum Garkochen.

Grießmehlsuppe mit Rosinen

Eine Handvoll Rosinen werden gut gewaschen und zum Kochen gebracht, darauf streut man das Grießmehl hinein, fügt Salz, Zucker, etwas langen Zimt, auch ein Stückchen Zitrone hinzu und läßt es langsam 1/2 Stunde kochen. Essig nach Geschmack rührt man zuletzt durch. Will man die Suppe besonders schmackhaft machen, gebraucht man etwas Wein statt Essig und gibt beim Anrichten einen Eidotter dazu.

Mehlgraupensuppe

Man nimmt den Dotter von einem frischen Ei, rührt mit einem Messer so viel Mehl hinein, als das Ei aufnimmt und hackt es ganz klein. Unterdessen kocht man Milch mit wenig Wasser, schüttet das Gehackte (die Mehlgraupen) hinein und läßt es unter beständigem Rühren einige Minuten kochen, fügt Salz und Zucker hinzu.

Grünkernsuppe

Geschrotene Grünkerne werden in Wasser mit Muskatblüte gargekocht. Dann wird die Suppe durchgeschlagen, nochmals aufgekocht, gesalzen und mit einem Ei abgerührt.

II

LUNGENBRATENVÖGEL ODER ZIGEUNERBRATEN

Rindfleisch

Zu den meisten Fleischspeisen reicht man Gemüse, Salat oder Obst in beliebiger Form. Zu fettes Fleisch ist der Gesundheit nicht zuträglich. Das Fleisch wird nach sudetendeutscher Küche stets so zubereitet, daß jede Fleischart den ihm eigenartigen Geschmack beibehält. So muß zum Beispiel ein Schweinebraten seine eigene pikante Bratensoße haben, ebenso der Gansbraten, der Hasenbraten, die Ente usw. Ebenso echt muß die Gulaschsoße oder schwarze Soße schmecken.

Rindfleisch gekocht

1 kg Rindfleisch reicht für 6–8 Personen.
Das gewaschene Fleisch wird mit kaltem Wasser zum Feuer gestellt und gesalzen. Nach einer Stunde gibt man von allen 4 Grünzeugarten dazu, und zwar Zwiebel, Sellerie, Petersilie, gelbe Rüben, von jedem etwa ein eigroßes Stück, dann 3 Pfeffer- und Neugewürzkörner, 1 Lorbeerblatt und 1 kleines Stückchen Ingwer.
Ist das Fleisch weich gekocht, so seiht man die Suppe ab und kocht nun ein, was man will. Ist die Suppe zu fett, so soll sie etwas abgeschöpft werden.
Das Fleisch wird in Teile geschnitten und in eine Kasserolle gelegt, ein wenig Suppe dazu gegossen, dann ist es saftig; bis zum Gebrauch warmgestellt.

Sauerfleisch

Rohes Fleisch wird in einem irdenen Topf mit kochendem Essig übergossen und 2 bis 3 Tage in kühlem Raum stehen gelassen. Nun gießt man den Essig weg, legt das Fleisch in eine Kasserolle, in welcher etwas von allen 4 Gewürz- und Gemüsearten in Fett geröstet wurde, und gibt dann noch etwas Zucker, Salz und Essig dazu.

Einige Zeit das Fleisch dünsten, Wasser zugießen und bis zum Weichwerden öfters nachgießen. Die abgeseihte Brühe kann nun mit dunkler Einbrenne verdickt werden, man reibt ein Stück Lebkuchen, weicht ihn in kaltem Wasser auf und gibt ihn zum Aufkochen in die Brühe.
Ferner kann Sauerfleisch auch mit saurem Schmetten und darin aufgequirltem Mehl fertig gemacht werden. Dann gibt man statt Lebkuchen nur Einbrenne.

Rostbraten

Fleisch in schmalen Scheiben. In einer Kasserolle wird Zwiebel in Fett lichtgelb geröstet, das geklopfte, mit etwas Salz, Pfeffer und Mehl bestreute Fleisch dazugegeben, einmal gewendet und nach einiger Zeit Wasser zugegossen.
Das Fleisch wird nun zugedeckt weich gedünstet.
Mehl zum Eindicken eingekocht oder etwas Mehl, mit kaltem Wasser angerührt, dazugetan.

Lungenbraten: Filet

Ein ganzer Lungenbraten mit Knochen würde für 8 – 10 Personen reichen. Man kann auch kiloweise kaufen und entfernt die Knochen, die zur Gemüsesuppe gegeben werden.
Das Fleisch wird tags vorher von den Häuten befreit, das Fett bleibt daran. Nun schneidet man lange Speckstreifen und spickt damit das Fleisch, legt es in eine irdene Schüssel und gießt Essig darüber, in welchem man von den 4 Gemüsearten und 5 Körner Pfeffer und Neugewürz, 1 Lorbeerblatt, 1 Stückchen Ingwer gekocht hat; den Essig aber zuerst abkühlen lassen.
Nicht salzen, sonst wird das Fleisch rot.
Am anderen Tag gibt man ziemlich viel Fett oder Butter in eine Pfanne und das Gemüse und Gewürz mit dem Fleisch (den Essig wegstellen), salzt und läßt das Fleisch nun auf beiden Seiten etwas dünsten.
Dann wird etwas Wasser zugegossen und das Fleisch weich gedünstet unter öfterem Zugießen.
Nun wird die Brühe abgeseiht und wieder in die Pfanne geschüttet, das Fleisch damit begossen und in heißer Röhre braun gebraten.

Streut man Semmelbrösel darüber, so wird das Fleisch nicht krustig. Etwas Mehl in kaltem Wasser quirlen und einrühren, damit die Brühe dicklich wird.
Will man mehr Brühe bereiten, so rührt man statt Wasser sauren Schmetten oder Buttermilch ein und begießt mit diesem das Fleisch, dann gibt man aber keine Semmelbrösel darauf.
Den beiseite gestellten Essig und Salz nach Geschmack dazugeben.

Lungenbraten als Naturschnitzel

Der abgehäutete Lungenbraten wird in fingerdicke Scheiben geschnitten, und diese werden geklopft, mit gestoßenem Pfeffer und Salz und mit Mehl bestreut und in eine Kasserolle gelegt, in welcher man viel Fett und feingeschnittene Zwiebel anlaufen läßt.
Man dreht die Schnitzel um und dünstet sie noch eine Weile, dann wird Wasser zugegossen und das Fleisch weich gedünstet; mit Mehl eingestaubt zum Verkochen und noch nachgesalzen.

Lungenbraten als Sardellenschnitzel

Man kann nach dem vorherigen Rezept Sardellenschnitzel machen, indem man zu dem weichgedünsteten Fleisch Sardellenbutter gibt. Zu dieser verwendet man 2–3 geputzte Sardellen, die man mit einem eigroßen Stück Butter fein zerdrückt.

Lungenbratenvögel

Der abgehäutete Lungenbraten wird in fingerdicke Scheiben geschnitten, diese werden geklopft und mit etwas Salz, Pfeffer, ungekochtem Reis bestreut.
Nun macht man aus den kleinen Fleischabfällen mit etwas feingehackter Zwiebel, Salz, Pfeffer, klein geschnittenen Gurken, etwas in Milch geweichten Semmelbröseln (auch Sardellenbutter, wie im vorigen Rezept beschrieben), etwas geröstetem Speck einen Teig, den man auf die Schnitzel streicht, rollt diese zusammen, bindet sie mit einem Faden fest und spickt sie womöglich mit Speck.
Nun läßt man in einer Pfanne ziemlich viel Fett mit kleingeschnittener Zwiebel etwas licht anlaufen, legt die Vögel hinein und wendet sie

nach einiger Zeit um. Dann wird Wasser zugegossen. Nach 1 1/2 Stunden sind sie weich, werden in die Röhre geschoben, aber so, daß die gespickte Seite nach oben zu liegen kommt, und mit Bröseln bestreut.
Unter öfterem Begießen lichtbraun braten, Mehl, in Wasser gequirlt, einrühren.
Man kann auch sauren Rahm oder Buttermilch über die Vögel gießen, dann streut man aber keine Brösel darauf, und gießt etwas Essig mit zur Brühe und salzt die fertig abgeseihte Brühe nach Bedarf.
Die Vögel legt man, sobald sie braun sind, in eine Schüssel, deckt sie zu und stellt sie über einen Topf mit kochendem Wasser, damit sie warm bleiben und nicht anbrennen oder austrocknen.

Hackbraten als Walze

1 kg Hackfleisch: 3/4 kg Rindfleisch vom Schlegel, das recht wenig Flechsen und Fett enthält, und 1/4 Kilogramm Schweinefleisch werden mit Salz, Pfeffer, feingehackter Zwiebel, in Milch aufgeweichter, ausgedrückter Semmel (oder Buchtel) und 1–2 Eiern zu einem Teig angemacht.
Zu diesem kann man nun Majoran geben oder fein zerdrückten Knoblauch.
Nun streut man Semmelbrösel auf ein Brett, walkt darauf den Teig zu einer länglichen Walze aus und gibt diese in eine Pfanne, in der man Fett zerlassen hat, schiebt die Pfanne in die Röhre und begießt den Braten öfters mit dem Fett.
In einer Stunde ist der Braten durchgedünstet. Nun kann man etwas warmes Wasser in die Pfanne gießen und salzen und mit Mehl die Brühe verdicken, oder man gießt auch noch sauren Schmetten über den Braten und macht dann eine Brühe, die man mit Mehl eindickt.

Hackbraten als Fleisch-Laibchen

Man bereitet denselben Fleischteig wie beim Hackbraten und teilt diesen dann in kleine Teile und formt kleine Kuchen, Karbonaden genannt.
In einer großen Pfanne läßt man Fett heiß werden, legt die Karbonaden hinein und brät sie auf beiden Seiten auf der Platte braun und resch.

Rohe Rindszunge mit schwarzer Brühe

In Salzwasser läßt man die Zunge weich kochen.
Zu gleicher Zeit wird in eine Kasserolle Fett mit Gemüse (Zwiebel, gelbe Rüben, Sellerie, Petersilie) gegeben. 8 Pfeffer- und Neugewürzkörner, 2 Lorbeerblätter und 1 Stückchen Ingwer, 1 Eßlöffel Zucker und etwas Weinessig, man läßt das alles braun rösten, gießt Wasser zu und läßt es kochen, bis das Gemüse weich ist. 3 Nelken, 1 Stückchen Zitronenschale mitkochen.
In 1/4 Liter Wasser kocht man 10 geschälte Mandeln und eine kleine Handvoll Rosinen eine halbe Stunde lang.
Ist das Gemüse weichgekocht, so wird die Brühe abgeseiht, es braucht nicht mehr als 1 Liter sein, und die Zungensuppe (auch 1 Liter) dazugegossen.
Nun gießt man noch die Brühe mit den Mandeln und Rosinen hinein, gibt 1 Eßlöffel Ribis- oder Himbeermarmelade dazu (oder Sirup), verdickt nun die Brühe mit Fetteinbrenne und färbt sie mit Holunderpowidel (oder etwas Zichorie) dunkel.
Salz, Essig, Zucker nach Geschmack dazu geben.
Die Zunge wird nach dem Herausnehmen geschält, solange sie warm ist, und sobald sie erkaltet ist, in Scheiben geschnitten und in die fertige Brühe zum Aufwärmen gelegt.

Sardellenzunge

Eine rohe Rindszunge wird 2–3 Stunden gekocht, bis sie weich ist, herausgenommen, abgezogen und fein geschnitten, in dieser Sauce wird die Zunge noch einmal aufgekocht: Geröstete Semmelbrösel und Sardellenbutter mit etwas Zitronensaft in einem Liter Zungensuppe.

Zigeunerbraten

4 Zwiebeln werden fein gehackt und in frischer Butter gelb anlaufen gelassen.
Ein Stück Rindfleisch klopft man, es muß ein hohes Stück sein, damit man Scheiben schneiden kann. Eingesalzen wird es mäßig.
Nun werden mit dem Messer kleine Löcher in das Fleisch gemacht

und jedes Loch mit gehacktem Schinken oder magerem Selchfleisch gefüllt. Dann wird das Fleisch auf die angelaufenen Zwiebeln gegeben, zugedeckt und unter fortwährendem Zugießen weich gedünstet. Den Saft kann man ein wenig mit Mehl stauben. Dann schneidet man das Fleisch in Scheiben; Kartoffelknödel, Kartoffelnudel oder gedünsteten Reis dazu.

GASTHAUS ODER WIENER Rindsgulasch

Gewöhnliches Gulasch

In einer Kasserolle werden feingeschnittene Zwiebel mit viel Fett lichtgelb geröstet, das in Würfel geschnittene Fleisch hineingetan und nun gedünstet, manchmal umgerührt.
Dann erst gießt man kaltes Wasser zu, salzt und läßt das Fleisch zugedeckt weich dünsten.
Nun gibt man entweder gestoßenen Pfeffer dazu und streut Mehl zum Verkochen ein, damit eine dickliche Brühe wird, oder man streut süßen Paprika ein und verdickt die Brühe mit eingestreutem Mehl, oder man gießt zur Paprikabrühe etwas sauren Schmetten.
Um ein dunkelgefärbtes Gulasch zu erhalten, streut man ein erbsengroßes Stückchen Zichorie ein, oder man läßt Paprika mit der Zwiebel eine Weile braten, bevor noch das Fleisch hineinkommt.

Gasthausgulasch

Zwiebel in viel Fett lichtgelb anlaufen lassen und ein kleines Stückchen Knoblauch dazu.
Das Fleisch in Stücke schneiden, mit Salz bestreuen und in die Kasserolle werfen, öfters umrühren und das Fleisch im eignen Saft dünsten lassen, bis dieser wieder einzudünsten beginnt, süßen Paprika auf das Fleisch streuen, noch einigemal umrühren und dann kaltes Wasser zugießen und das Fleisch weich dünsten lassen.

In kaltem Wasser etwas Mehl verrühren und mit diesem die Brühe einstauben. Wenn die Zwiebel fein geschnitten wurde, muß die Brühe nicht geseiht werden.

Wurstgulasch

Fein geschnittene Zwiebel wird in Fett in einer Kasserolle lichtbraun geröstet, süßer Paprika dazu verrührt und etwas Knochen- oder Fleischsuppe oder Wasser dazu gegossen.
Knackwürste werden geschält, in Scheiben geschnitten und in die Brühe geworfen.
Man verdickt die Brühe mit etwas Mehl, welches mit kaltem Wasser verrührt wurde.
Etwas Essig und Salz, je nach Geschmack dazu.

Wiener Gulasch

Ziemlich viel Zwiebel feinhacken, in Fett licht rösten, Paprika, dazu Kümmel, Majoran und Knoblauch, fein zerkleinert, reichlich Fleisch, geschnitten, hinein, salzen und dünsten, kaltes Wasser darauf und weich dünsten lassen.
Die Brühe abseihen, einstauben.

SELCHZUNGE UND SCHINKENFLECKEL

Schweinefleisch

Gebratenes Schweinefleisch

Das Fleisch wird mit Wasser, Salz und Kümmel in einer Kasserolle oder einer Pfanne auf den Herd gestellt und weichgedünstet, dann in die heiße Röhre gestellt und unter öfterem Zugießen gebräunt.
Hat das Schweinefleisch eine Haut, so muß diese, wenn sie weich gedünstet ist, zerschnitten werden, und zwar so, daß kleine Vierecke entstehen, bevor das Fleisch gebräunt wird.

Schweinsgulasch

Das Schweinefleisch in Würfel schneiden, in einer Kasserolle Fett und Zwiebel anlaufen lassen, bis es lichtbraun ist, süßen Paprika nach Bedarf einstreuen, das Fleisch hinein, unter Umrühren eine Weile dünsten und dann kaltes Wasser zugießen.
Sobald es weich gedünstet ist, Mehl einstreuen, und wenn man will, kann man noch sauren Schmetten dazugießen.

Gulasch mit Sauerkraut

Viel Zwiebel in Fett hell rösten, dann dazu das in Würfel geschnittene Schweinefleisch mit Paprika dünsten im eigenen Saft, bis er wieder einkocht. Sauerkraut dazu und etwas Wasser zugießen; das Fleisch weich dünsten lassen. Zuletzt mit Wasser und Mehl etwas verdicken, besser mit Rahm und Mehl.
Zu 1 kg Fleisch 125 g Sauerkraut, 1/4 Liter sauren Rahm.

Schweinsschnitzel nach Wiener Art

Fleisch vom Schlegel oder Rippenstücke, die man Koteletten nennt; aber nur von jüngeren Schweinen.
Das Schnitzelfleisch wird gut geklopft, mit Salz bestreut und in Mehl getaucht, dann in gut mit 1 Eßlöffel Milch verquirltes Ei und nachher in Semmelbrösel.
In einer Pfanne läßt man Schweinefett heiß werden, legt die Schnitzel hinein und bäckt sie gut aus auf beiden Seiten.

Naturschnitzel

Dasselbe Schnitzelfleisch wie vorher wird geklopft und mit Salz und etwas Mehl bestreut.
In einer runden Kasserolle läßt man Zwiebel in Fett licht anlaufen, legt die Schnitzel hinein und dünstet sie zuerst eine Weile auf beiden Seiten, gießt Wasser zu und dünstet das Fleisch, bis es weich ist, streut Mehl ein, damit die Brühe dicker wird.

Paprikaschnitzel

Diese werden ebenso zubereitet wie Naturschnitzel, nur gibt man gleich noch süßen Paprika zum Aufkochen dazu. Man kann auch sauren Schmetten daran geben um mehr Brühe zu erhalten.

Schweinefleisch mit schwarzer Brühe

Wird ebenso zubereitet wie das Rindfleisch mit schwarzer Brühe: Man verwendet also entweder Einbrenne zum Dicklichmachen der Brühe oder Lebkuchen; gießt man sauren Schmetten dazu, so bleibt der Lebkuchen weg. Die Brühe wird mit Schmetten zubereitet, nur eingebrannt und so bleibt sie lichter.

Schweinefleischvögel

Werden aus Schnitzelfleisch vom Schlegel hergestellt und ebenso zubereitet wie Lungenbratenvögel.

Selchfleisch

Man kocht es mit Kraut; nur sei man da vorsichtig und wässere das Sauerkraut vorerst ab, denn aus dem Selchfleisch kocht sich eine gesalzene Suppe aus und es dürfte das Kraut dann zu salzig-scharf schmecken.

Das Selchfleisch kocht man auch in den Brühen auf, welche dadurch einen guten Geschmack bekommen.

Wird das Fleisch mit kaltem Wasser auf die Platte gestellt und weich gekocht, so ist auch die Suppe als Selchsuppe verwendbar.

Selchfleisch mit schwarzer Brühe

In eine Kasserolle gibt man Fett, alle 4 Gemüse- und Gewürzarten oder etwas Zucker, läßt das Ganze etwas dunkel anlaufen, gibt das Fleisch hinein, dünstet es eine Weile im Fett auf beiden Seiten, gießt Wasser zu und läßt es weich dünsten.

Man gibt des feinen Geschmackes wegen auch Zitronenschale und -saft dazu, Salz, Essig nach Bedarf.

Die Brühe mit Mehl verdicken, abseihen, wenn möglich 1 Eßlöffel Himbeer- oder Ribismarmelade dazu und mit Holunderpowidel oder etwas Zichorie die Brühe dunkel färben.

Selchzunge

Diese wird mit kaltem Wasser zum Weichkochen aufgestellt, dann abgeschält und zerschnitten. Zu Spinat, gedünsteten gelben Rüben, Kartoffelkasch oder Kraut.

Schinkenfleckel; gebacken

Je nach Bedarf Nudel, Hörnchen oder gebrochene Makkaroni. Auf 1 Pfund rechnet man 1/4 Pfund Selchfleisch. Gekochtes Selchfleisch wird in kleine Würfel geschnitten, den Speck gibt man in eine kleine Kasserolle und dünstet ihn aus, gibt dann etwas feingeschnittene Zwiebel dazu, die man lichtgelb werden läßt.
Die Nudel oder Fleckel werden in kochendes Salzwasser geschüttet und nachdem sie weich sind, abgeseiht.
Unterdessen schüttet man die Speckwürfel mit den Zwiebeln und das kleingeschnittene Selchfleisch in eine größere Kasserolle, schüttet die Fleckel hinein und rührt sie um, gibt noch etwas fein zerdrückten Knoblauch dazu und bäckt das Ganze in der Röhre aus, nachdem man 1–2 Eier mit etwas Milch, oder besser Schmetten gut verquirlt, darüber gegossen hat.

Schinkenfleckel; nicht gebacken

Diese werden ebenso zubereitet, nur fallen zuletzt die Eier weg und das Backen. Die Fleckel werden einfach mit dem Speck und Schinken vermischt und gleich gegessen.

Schweinchen gebraten

Das Ferkel wird innen und außen gut abgewaschen, mit einem Tuch abgetrocknet und 12 Stunden (über Nacht) aufgehängt.
Lunge und Herz mit Salz weich kochen, die Leber roh fein durch die

Fleischmaschine, dann alles mit einer in Wasser aufgeweichten Semmel, Salz, Pfeffer, Thymian (Basilikum, Salbei), etwas zerlassener Butter, 2–3 Eiern gut vermengen. Den Bauch des Ferkels damit füllen und zunähen.
Das Ferkel kommt in eine lange Pfanne auf ein Gestell, oder ohne solches, dann muß das Hinterteil etwas erhöht werden durch Unterlegen mit Holz. Die Vorderfüße unter die Brust, die Hinterfüße unter den Bauch.
Im Rohr zuerst mit Salzwasser oft begießen, den hervorquellenden Saft mit einem Tuche abwischen. Während des Bratens mit Butter und Bier bestreichen, damit es knusprig wird.
Bratzeit 1 1/2 bis 2 Stunden.

Junger Schweineschlegel mit Sardellen

Ein junger Schweineschlegel wird von Haut und Fett befreit und mit Sardellenbutter bestrichen (80 g Sardellen und 100 g Butter) und dann gebraten. Etwas Wasser zugießen.

Schweinsrücken als Wildbraten

Nicht zu starken, mittelalten Rücken; Haut und Fett bis auf 1 cm abschneiden. Sud von Essig, Wasser, Thymian, Wacholder kalt werden lassen, das Fleisch hineinlegen und 5 Tage darin wenden.
Man nimmt das Fleisch heraus, legt es auf 100 g Fett und bratet es weich, von der Beize gießt man nur etwas zu. Man mischt 300 g geriebenes Brot mit gestoßenem Pfeffer, 140 g Butter, 1 Glas Rotwein, belegt damit den Rücken fest und schiebt den Braten ins Rohr, damit das Überstrichene zur Kruste wird. Nicht begießen, nur mit dem Bratensaft beträufeln.

Wild-Tunke

Altes Wurzelwerk und Gewürze auf Fett braun dünsten; Zwiebel, Petersiliewurzel, Sellerie, Möhren, ganzen Pfeffer, Neugewürz, Ingwer, Lorbeerblatt; Mehl dazu und bräunen.

Dann erst nach und nach die Fleischsuppe des Wildes dazu und aufkochen lassen; 3 Löffel Rotwein. Die Tunke verkochen, etwas gebrannten Zucker dazu und durchseihen.
Erst die Wildsuppe gibt den eigenartigen Geschmack.

Wildschweinschlegel

In Wildbeize einige Tage einlegen und dann braten wie Schweinefleisch; die Haut aber nicht abziehen.

GESCHLING ODER BEUSCHEL

Nach der Schlachtschüssel

Ist das Schwein getötet, abgeputzt und aufgehängt, dann werden die Vorbereitungen zum Wursten gemacht: Man läßt den Kopf abschneiden, in vier Teile teilen und stellt ihn zum Kochen in einem großen Topf auf, gibt auch gleich das Geschling dazu (Zunge, Herz, Milz, Lunge); die Leber wird abgeschnitten und roh liegen gelassen.
Indessen werden die Gedärme gereinigt und abgespeilt, 1–2 Kilogramm Graupen weich gekocht, Buchteln, tags vorher gebacken, in Wasser eingeweicht und später fest ausgedrückt. Nach 3–4 Stunden ist das Fleisch weich und wird für die Leberwürste vorbereitet.

Leberwürste

Für diese verwendet man einige Fetteile des Kopfes, die Ohren, die Lunge, die rohe Leber wird in Stücke geschnitten und alles dann durch die Fleischmaschine gedreht.
Nun kommt das Ganze in eine große Schüssel, die Semmel hinein und etwas gute, heiße Suppe, in welcher der Kopf gekocht wurde. Salz, Pfeffer und gestoßener Ingwer, feingehackte Zwiebel (Knoblauch wenig), und, wenn alles gut vermengt und die Masse dünn genug ist, wird sie in die Leberwurstgedärme eingefüllt.

Die fertigen Würste werden nun in Wasser gekocht und sobald sie schwimmen, herausgenommen, in warmes Wasser getaucht und dann auf ein Brett zum Abkühlen gelegt.
Dieses Wasser wird mit zur Suppe verwendet.

Preßwurst

Zu dieser verwendet man dunkle Fleischteile von den Backen, das Herz, die Zunge abgehäutet, manchmal auch die weich gekochten Nieren und ein Stück Ohr. Dies alles schneidet man in walnußgroße Stücke und vermengt sie mit Suppe aus dem Wursttopf, am besten Suppe der Schweinshaxeln und etwas Blut, gibt Salz, gestoßenen Pfeffer und Ingwer, Zwiebel, feingehackte Zitronenschale dazu und einige Speckstückchen. Das Ganze füllt man in den Magen ein, den man fest zubindet und 2 Stunden leicht kochen läßt.
Dann nimmt man die Wurst vorsichtig heraus, legt sie auf ein Brett und legt ein kleines Brett darauf, auf welches Gewichte oder Bügeleisen gelegt werden, damit die Wurst eingepreßt wird.
Die Wurst muß an einen kalten Ort gestellt werden.
Den Rest der Füllmasse kann man in einen anderen breiten Darm oder in einen Papierdarm füllen; nach dem Kochen ebenfalls beschweren.

Blutwurst

Das Blut, das beim Schlachten aufgefangen wird, muß gerührt werden, bis es kalt ist, damit es nicht gerinnt, sonst bilden sich Klumpen, die unbrauchbar sind.
Das Blut für die Blutwürste wird abgeseiht und dazu: kleine Speckwürfel, Graupen oder einige ausgedrückte Semmeln, Fettgrieben (wenn das Fett schon ausgelassen wurde), Salz, Majoran, Pfeffer, feingehackte Zwiebel (bißchen Knoblauch), etwas Fleischsuppe.
Das Ganze wird nun gut vermengt und in die Blutwurstgedärme eingefüllt, diese zugemacht und die Würste werden solange gekocht, bis beim Anstechen kein rotes Blut mehr herauskommt.
Sind keine Gedärme vorhanden, so streicht man eine Pfanne mit Fett aus, gießt die Masse hinein und bäckt sie in der Röhre aus.

Schwarten- oder Häutewurst

Ist das Fett abgezogen, so bleiben die Häute übrig, welche, einige Stunden weich gekocht, zu einer guten Wurst Verwendung finden. Einige Fleischstückchen, die beim Fleischhacken übrig bleiben, werden in Salzwasser weich gekocht.
Die ebenfalls weich gekochten Häute seiht man ab und schneidet sie in schmale Streifen.
Nun gibt man alles, aber noch ziemlich heiß, in einen Topf, Salz, Pfeffer, Zwiebel, feingestoßenen Ingwer, Knoblauch dazu und mengt dies gut durcheinander. Hat man Gedärme übrig, so füllt man die Masse in dieselben ein und kocht sie 1 Stunde, legt sie auf ein Brett, gibt ein kleines Brett darauf und auf dieses ein Gewicht, damit die Wurst gut eingepreßt ist.
Hat man noch Masse übrig, so kann man sie in Pfannen oder Schüsseln gießen und dort erstarren lassen. Sie wird fest und läßt sich schneiden wie Sulz.

Nieren

Die Nieren werden gut ausgewaschen, in schmale Streifen geschnitten. In etwas Fett feingeschnittene Zwiebel anlaufen lassen, die Nierenstücke hinein, einigemale umrühren und Wasser zugießen; Salz und gestoßenen Pfeffer dazu.
Sobald sie weich sind, Mehl einstreuen zum Aufkochen und Verdikken der Brühe.

Hirn mit Ei

Das Hirn wird in lauwarmem Wasser von den Blutadern befreit.
In Fett geschnittene Zwiebel lichtgelb anlaufen lassen, das Hirn hinein und gar dünsten. Dann schlägt man 1–2 Eier darauf, gibt Salz und Kümmel dazu, rührt das Ganze, bis die Eier weich sind wie bei Rührei.
Mit Würze verfeinern.

Weißleber

Die Weißleber wird gewaschen und in kleine Streifen geschnitten, ebenso ein Stück (1/4 Kilogramm) des Fettnetzes und die Milz.
In einer Kasserolle läßt man Fett mit Zwiebel lichtgelb anlaufen, gibt das Zerschnittene hinein, Salz und Pfeffer dazu, brät es unter Umrühren etwas aus, gießt dann Wasser zu und läßt das Ganze 2 bis 2 1/2 Stunden dünsten.
Nun stellt man es von der Platte weg, schöpft das Fett ab und gibt die Kasserolle wieder ans Feuer, streut Mehl ein zum Aufkochen und gibt noch etwas Knoblauch dazu.

Das Fettsieden

Beim Fettschneiden beachte man, daß alle Speckstückchen ziemlich gleich groß sind; nicht daß die kleinen schon dunkelbraun werden und die großen noch licht sind.
In den Fettsiedetopf gibt man etwas Wasser, damit das Fett nicht so leicht anbrennt. Beim Sieden beachte man, daß die Fettstückchen nicht zu braun werden, sonst verbrennt das Fett sehr leicht, denn das Schweinefett soll schneeweiß sein, sobald es abgekühlt ist.

Das Geschling oder Beuschel

Die Zunge, das Herz, die Lunge und Leber werden in kaltem Wasser mit Gemüse weich gekocht, doch ohne Salz, denn sonst wird die Leber hart; 3 – 4 Pfeffer- und Neugewürzkörner, 1 Lorbeerblatt und etwas Essig.
Sobald das Fleisch weichgekocht ist, wird die Suppe abgeseiht, mit Fetteinbrenne verdickt, gesalzen (etwas Zitronenschale, fein gerieben, und Saft dazu).
Nun schneidet man das Geschling in schmale Nudelstückchen und wirft diese in die fertige Brühe. Salz und Essig nach Belieben, auch Majoran dazugeben.

Leberpresse

Um Schweinsgeschling zu verwerten, kann man eine feine Preßwurst herstellen.

Die Lunge vom Schwein wird gekocht und fein gewiegt; Herz und Zunge gekocht und würflig geschnitten, Leber roh, fein gewiegt, gekochter Speck würflig geschnitten, Salz, Pfeffer, Majoran, 1–2 geweichte Kipfel, 2 mittelgroße Schöpflöffel Suppe (von der Zunge und dem Herz), 1/2 Kaffeelöffel Pastetengewürz, von einer halben Zitrone die Schale.
Die Därme nicht zu prall einfüllen, in heißes Wasser legen, 2 Stunden kochen, dann auf ein Brett legen und pressen.
Man braucht dazu ein ganzes mittelgroßes Schweinsgeschling und etwas Speck.

Das Fleischeinsalzen

Das in Stücke geschnittene Fleisch wird eingesalzen und fest in ein Faß geschichtet. Einen Tag läßt man es so stehen, am anderen Tag wird Salzwasser gekocht und kalt gestellt, dann auf das Fleisch gegossen, daß es bedeckt ist, ein Brett darauf und schwere Steine.
Nach 3 Wochen wird das Fleisch in kaltes Wasser gelegt, über Nacht liegen gelassen, damit der scharfe Salzgeschmack verschwindet, dann abgewaschen und in den Räucherofen gehängt zum Räuchern.
Wenn das Fleisch schön braun geworden ist, hört man auf zum Schüren und läßt es im luftigen Rauchfang hängen, bis es verbraucht ist.

Gesulztes

Die Schweinsfüße werden in kaltem Wasser mit Gemüse, Gewürz und Essig zum Kochen aufgestellt. Weich geworden, wird das Fleisch von den Knochen gelöst und in kleine Stückchen geschnitten und auf Schüsseln gelegt.
Die Suppe wird einmal aufgekocht und während das Fleisch noch drinnen ist, öfters abgeschöpft. Sobald die Suppe rein genug ist, wird sie von der Platte weggestellt, abgeseiht und noch eine Weile stehen gelassen. Wenn sich die Fleischfasern gesetzt haben, gießt man sie langsam über das Fleisch in die Schüsseln.

Kesselfleisch

Dazu gehört ein Stück Zunge, ein Stück Fleisch von den Backen und vom Halse. Dieses wird mit frisch geriebenem Kren, Salz und Brot gegessen.

GESULZT ODER GESPICKT

Kalbfleisch

Gebratenes Kalbfleisch

In einer Pfanne werden Fett oder Butter, etwas Zwiebel, gelbe Rüben ein bißchen angedünstet, das Kalbfleisch hineingelegt, eine Weile auf beiden Seiten angebraten und dann Wasser zugegossen.
In ein kleines Leinwandfleckel gibt man 1/2 Kaffeelöffel Kümmel, bindet es zu und legt es mit ins Wasser.
Ist das Fleisch weich, so streut man Semmelbrösel darüber und schiebt die Pfanne in die Röhre. Unter öfterem Nachgießen und Übergießen läßt man das Fleisch braun braten.

Gefüllte Kalbsbrust

Die Rippen entfernen, die Tasche öffnen; in diese gibt man folgende Fülle: In 1/4 Liter Milch oder süßen Schmetten werden 1–2 Eier gequirlt, etwas Salz, Muskatblüte, 4 würflig geschnittene Kipfel hineingeben, und wenn diese recht aufgequollen sind, schiebt man die Fülle in die Fleischtasche und näht sie zu.
Das Fleisch wird nun ebenso fertig gebraten wie das vorher angegebene Kalbfleisch.
Beim Aufschneiden fingerbreite Scheiben schneiden, damit die Fülle nicht zerfällt.

Eingemachtes Kalbfleisch

Das Fleisch wird mit Zwiebel, Sellerie, Petersilie und gelber Rübe in kaltem Wasser zugestellt, etwas gesalzen, 3 Pfeffer- und Neugewürzkörner, 1 kleines Lorbeerblatt, 1 Stückchen Ingwer und 1 Stückchen Zitronenschale dazu.
Ist das Fleisch gekocht, so gibt man in die abgeseihte Brühe Fett-Einbrenne (Buttereinbrenne) und etwas Zitronensaft oder auch Majoran kann man zuletzt in die Brühe tun.

Gesulztes Kalbfleisch

Beim Metzger verlangt man Sulzfleisch. Es wird in kaltem Wasser mit etwas Gemüse und Gewürz, Essig und Salz zugestellt. Man schäumt die Fleischsuppe während des Kochens öfters ab.
Ist das Fleisch weich, wird die Suppe abgeseiht und das Fleisch in kleine Stückchen geschnitten, die Suppe nochmals abgeschöpft und über das in Schüsseln bereitgelegte Fleisch gegossen und an einen kalten Ort zum Auskühlen gestellt.

Wiener Schnitzel/Naturschnitzel

Das Fleisch vom Schlegel wird in flache Scheiben geschnitten, geklopft und so weiter behandelt wie beim Schweinefleisch.
Auch zum Naturschnitzel wird nur Fleisch vom Schlegel genommen und so behandelt wie Naturschnitzel vom Schweinefleisch.

Gulasch und Kalbfleischvögel

Werden wie vom Rindfleisch, bzw. wie vom Schweinefleisch gemacht.

Falscher Thunfisch

Vom Kalbschlegel (3 Pfund für 10 Personen) schneidet man große, dünne Schnitzel, klopft sie auf beiden Seiten, salzt sie ganz schwach, betropft sie mit Tafelöl und Zitronensaft, legt sie in eine Schüssel, wo sie 2 Stunden zugedeckt liegen bleiben.
Nachher legt man sie auf einem Fleischbrett so übereinander, daß sie sich rollen lassen zu einer Wurst. Diese wird in Mull gewickelt, mit festem Faden gebunden und in schwachem Salzwasser, vermischt mit etwas Wein und Weinessig, 1 Stunde gekocht.
Auskühlen lassen, aus dem Mull herausnehmen, in dünne Scheiben schneiden und auf eine flache Schüssel legen. Dazu eine gekochte Eiertunke oder Mayonnaise.

Kalbfleisch gespickt

Ein Kalbfleischstück wird mit Speck gespickt und mit etwas Salz und Pfeffer bestreut. In einer Pfanne etwas Fett, Butter und Zwiebel hell anlaufen lassen, das Fleisch darauf legen, etwas anbraten lassen und umdrehen. Dann etwas Wasser zugießen und im Rohr braunbraten, bis es weich ist.

SCHÖPSENFLEISCH

Lamm und Hammel

Schöpsenfleisch

Das mürbe, abgelegene Schlegelfleisch eines Hammels wird geklopft, gesalzen, mit kleinen Stückchen Knoblauch besteckt (mit spitzigem Messer Löcher gemacht). In eine Pfanne 1 große Zwiebel in Scheiben geschnitten und mit Butter und Fett aufschäumen lassen, Pfeffer und Neugewürz dazugeben und das Fleisch darauflegen, Wasser zugießen, daß es bis zur Hälfte des Fleisches reicht und zugedeckt 3 - 4 Stunden weichdünsten lassen. Öfters wenden und wenn eingekocht, Wasser zugießen. Im Rohr etwas braun färben. Dann wird die Brühe abgegossen, das Fett abgeschöpft und mit dem Fleisch auf warmen Tellern aufgetragen. Das Fett wird heiß dazu gereicht.
Dazu Preiselbeeren oder Kompott.

Schöpsenhaschee

Gekochte oder gebratene Fleischreste vom Lamm werden durch die Fleischmaschine gedreht oder fein gewiegt. Auf 200 g nimmt man 1 Stück Fett und eine Zwiebel, röstet sie licht und vermengt mit 1 – 2 Eßlöffel Paradeismark, salzt und mischt das Gemenge unter heiße, befettete Nudeln, Makkaroni oder gekochten Reis.
Mit Reibkäse bestreuen und Salat dazu.

Lamm-, Zickelbraten

Der Lammrücken wird 2 Stunden in schwachem Salzwasser liegen gelassen, dann herausgenommen und abgetrocknet, in einer Pfanne mit 100 g Butter gebraten im Rohr. Einmal umdrehen, etwas Salz und Wasser zugeben, und so 2 Stunden braten, bis er gar ist.
Zickelbraten wird ebenso zubereitet wie Lammbraten, allerdings brät man das Zickel nur 1 Stunde.

ANGESPEILT UND DURCHGESPEILT

Wildbret

Rebhuhn

Gut waschen. Der Kopf wird mit dem Kragen um einen Flügel gelegt und angespeilt, auch die Füße werden hochgezogen und durchgespeilt.
Nun spickt man die Brust und die Schenkel mit Speck.
In einer Pfanne läßt man Fett, Butter und Zwiebel anlaufen, legt die Rebhühner hinein, salzt und dünstet sie einige Minuten, wendet sie um und gießt dann bald Wasser zu.
Unter öfterem Wenden und Zugießen von Wasser dünstet man die Rebhühner weich. Dann schiebt man die Pfanne in die heiße Röhre und läßt den Rücken goldgelb braten, wendet die Hühner mit dem Bauche nach oben, streut Semmelbrösel darauf und brät sie unter fleißigem Zugießen gut braun. Die Brühe wird mit Wasser und Mehl verdichtet und abgeseiht.

Wildente

Einige Tage in Wildbeize (siehe bei Wildschwein) gelegt, dann gespickt,mit Salz und Pfeffer eingerieben, und in Fett überdünstet. Im Rohr braten, dabei mit Butter, Rahm und Beize begießen.

Hasenbraten

Der Hasenrücken mit den beiden Hinterschenkeln wird abgehäutet, gespickt mit Speckstreifen und in ein irdenes Gefäß gelegt, Essig darüber gegossen, ein Stückchen Zwiebel, Sellerie, Petersilie, gelbe Rübe dazugegeben und einige Pfeffer- und Neugewürzkörner, 1 Lorbeerblatt und 1 Stück Ingwer.
Nicht salzen.
In 1-2 Tagen gießt man den Essig weg, gibt in eine Pfanne Fett und Butter, den Hasenrücken samt dem Gemüse und Gewürz, und läßt ihn eine Weile dünsten, dreht ihn um und nach einer Weile gießt man Wasser zu, gibt Salz und Essig nach Bedarf und läßt den Hasen weichdünsten.
Öfters Wasser zugießen.
Sobald der Hase weich ist, schiebt man ihn in die heiße Röhre, bestreut ihn mit Brösel und begießt ihn öfters, bis er braun ist. Dann wird der Hase in Stücke geschnitten.
Will man wie beim Lungenbraten eine Schmettenbrühe haben, so streut man keine Brösel, sondern gießt sauren Schmetten auf das Fleisch.
Nachdem die Brühe abgeseiht ist, gießt man Wasser, mit Mehl verquirlt, in die Brühe, um sie zu verdicken.

Rehbraten

Zubereitung wie der Hasenbraten.

Hase mit schwarzer Brühe

In eine größere Kasserolle werden Fett mit Zwiebel, gelbe Rübe, Petersilie und Sellerie, einige Gewürz- und Pfefferkörner, 1 Lorbeerblatt, 1 Eßlöffel Zucker gegeben und bräunlich geröstet.
Dann wird der Hase hineingelegt und eine Weile gedünstet, später Wasser zugegossen und gesalzen.
Das Fleisch weichdünsten, herausnehmen, die Brühe abseihen, Essig zugießen, mit Einbrenne verdicken und Holunderpowidel dazu (oder etwas Zichorie), damit eine dunkle Brühe wird.

Salz, Zucker, Essig nach Geschmack dazugeben.
Wenn der Hase frisch geschossen ist und Blut in sich hat, kann man dieses mit zum Schwarzhasen verwenden.

Rehfleisch mit schwarzer Brühe

Zubereitung ebenso wie der Schwarzhase.

Kaninchen

1 kleines Kaninchen waschen, häuten, in Stücke zerteilen, einige Stunden in Essigwasser legen.
Nach dem Herausnehmen abtrocknen, salzen, pfeffern, in bissel Speckwürfel und 2 Zwiebeln anbraten, etwas Lorbeerblatt, Neugewürz und Ingwer mit etwas Wasser weichdünsten.
Mit etwas Mehl die Brühe verdicken.

TAUBEN MIT SCHWARZER BRÜHE – ODER TRUTHAHN MIT KASTANIEN

Geflügel

Tauben: gefüllt und gebraten

Bei der Taube, die nach dem Schlachten, noch warm, gerupft werden soll, werden die Füße abgeschnitten, der Kopf ebenfalls, der Kragen abgedreht, aber so, daß die Kropfhaut nicht zerrissen wird. Diese wird noch weit über die Brust abgelöst.
Nachdem die Taube gewaschen ist, wird sie mit folgender Fülle gefüllt (für 3 Tauben): 1/4 Liter Schmetten mit 1 Ei verrühren, bißchen Muskatblüte, Salz und 3 in Würfel geschnittene Kipfel darin aufquellen lassen.
Die Füllmasse wird schon 1 Stunde vor Gebrauch zubereitet.

Nun füllt man den Bauch und Kragen voll und näht zu, gibt die Tauben in eine Pfanne, in die man Fett oder Butter und Zwiebel und ein Stückchen gelbe Rübe gegeben hat, brät sie eine Weile und gießt dann Wasser zu.
Wenn sie nach 1 bis 1 1/2 Stunden weich sind, gibt man sie zuerst mit dem Rücken nach oben in die Röhre und dann mit dem Bauch nach oben.
Die Brühe wird mit etwas Kartoffelmehl, in Wasser verrührt, verdickt.

Tauben mit schwarzer Brühe

In eine Kasserolle werden Fett, etwas Zwiebel, gelbe Rübe, Sellerie und Petersilie und einige Pfeffer- und Neugewürzkörner und 1 Lorbeerblatt gegeben. Man läßt diese mit ein bißchen Zucker etwas rösten, bis es dunkel ist.
Nun gibt man etwa 3 Tauben hinein, gießt Wasser zu, gibt Salz und Essig dran und läßt die Tauben 1 bis 1 1/2 Stunden dünsten.
Mit Fetteinbrenne rührt man die abgeseihte Brühe ein und gibt etwas Holunderpowidel (oder ein bißchen Zichorie) dazu, damit die Brühe dunkel wird.

Gebratene Gans oder Ente

Die Ente oder Gans wird ausgewaschen, inwendig gesalzen, Kümmel eingestreut, als Beigeschmack dient auch Beifuß: dann zugenäht, damit der Braten nicht austrocknet.
Nun gibt man die Ente oder Gans in eine Pfanne, gießt Wasser zu und läßt sie weich dünsten, nachdem man öfter wendet, damit der Braten sich nicht anlegt.
Dann schiebt man sie in die heiße Röhre, läßt erst den Rücken färben und dann den Bauch.
Fleißiges Gießen des Bratens ist die Hauptsache.
Der Gansbraten muß goldgelb und knusperig sein. Dazu dann Sauerkraut und Knödel.

Gespickte Gans

Eine sehr fett gefütterte Gans (15 – 25 Pfund) wird ganz abgezogen, von allem Fett befreit, dann mit Speck gespickt, auf 2 geschnittenen Zwiebeln und bissel Fett, mit Pfeffer und Salz, angebraten.
Etwas Butter anbräunen und darüber gießen, dann mit Wasser weich dünsten.
Zuletzt 1/4 Liter sauren Rahm mit Mehl verrühren und die Brühe damit verdicken.

Truthahn

Der geputzte, gut gewaschene Truthahn wird mit 140 g Butter 3 – 4 Stunden im Rohr bei Wasserzulaß gebraten.
Den Kropf füllt man mit Semmelfülle: 100 g Butter abreiben, 2 geweichte, ausgedrückte Semmel, 2 ganze Eier, 2 Eßlöffel voll Brösel, alles vermengt.
Die Kastanienfülle: Man gibt 15 bis 20 Stück Kastanien (Eßkastanien) eingeschnitten ins heiße Rohr und läßt sie braten, nimmt sie aus der Schale und läßt sie in Milch weich kochen, füllt sie in den Kropf und trägt sie mit dem Braten auf.

Paprika-Hahn

Der Hahn wird in 8 – 10 Teile geteilt.
In einer Kasserolle läßt man Zwiebel in Fett licht anlaufen, gibt das Fleisch hinein und dünstet es eine Weile.
Nun gibt man Wasser, Salz und Paprika dazu und läßt es weich dünsten, streut Mehl ein zum Verdicken der Brühe und salzt nach Geschmack.

Suppenhenne

Sie kann ebenso als Gulasch verarbeitet werden wie der Hahn, nur muß man wenigstens einen Schöpflöffel Suppe dazugeben, um die Brühe schmackhaft zu machen.

Backhuhn

Im Frühjahr schlachtet man 8 Wochen alte Hähnchen, die man in 4 Teile teilt und wie Wiener Schnitzel behandelt und bäckt.
Dazu frische Erbsen, Kartoffeln, Salat, Kompott und Selleriesalat.

Gebratener Hahn

Der Hahn wird gewaschen, die Füße an den Steiß mit einem Faden und Holzpfeil festgebunden. Inwendig wird er gesalzen.
Man gibt Fett, Butter und Zwiebel in eine Pfanne, den Hahn hinein und läßt ihn eine Weile braten auf beiden Seiten; gießt Wasser zu und läßt ihn weich dünsten unter öfterem Umdrehen.
Dann schiebt man ihn in die heiße Röhre und brät ihn erst auf dem Rücken und dann auf der Bauchseite braun.
Wenn man den Hahn auf der Brust und die Schenkel mit Speck bespickt, schmeckt er viel feiner.

Gekochtes Geflügelklein mit Reis

4 Tauben oder 1/2 Suppenhuhn, das Klein eines Truthahns, einer Gans oder zweier Enten, mit etwas Salz und Suppengemüse in 3 Liter Wasser weich dünsten.
Die Brühe wird abgeseiht und 2 Tassen Reis (1/2 Liter) in 2 Liter Suppe weich gedünstet.
In die übrige Brühe wird Buttereinbrenne eingekocht, der man etwas Essig, besser Zitronensaft (und etwas Zitronenschale) zusetzt.
Der fertige Reis wird als Kranz auf eine tiefe Schüssel gelegt, in die Mitte das Klein gegeben und darüber die Brühe.
Auf den Reis streut man gehackte Petersilie.

Hühner-Pastete oder gefüllte Henne (oder Ente)

1 Pfund rohes Kalbfleisch und 1/4 Pfund rohes Schweinefleisch feingehackt, 1/4 Pfund Speck würflig geschnitten, 1/4 Pfund Zunge gekocht oder Schinken, 1 Ei, 1 Messerspitze Neugewürz, Muskatblüte und Salz, 50 g gekochte Pistazien.

Die Henne (oder Ente) wird nach dem Schlachten sofort gerupft, damit die Haut nicht zerrissen wird, dann am Rücken aufgeschnitten und die Haut abgezogen.
Bei einer Henne (oder Ente)läßt man das Fleisch kochen, löst es von den Knochen, schneidet es in Würfel.
Nun mengt man die oben angeführte Mischung und das Hennenfleisch leicht untereinander, füllt das Gemenge in die Haut, näht überall zu und läßt die gefüllte Haut 2 Stunden in der Hühnersuppe kochen.
Öfters umwenden; gibt sie dann auf ein Brett, beschwert sie und schneidet sie kalt in dünne Scheiben.

MIT SCHWARZER BRÜHE ODER MIT SENFSOSSE

Fische

Karpfen, gebacken

Der Fisch wird abgeschuppt, gewaschen, der Hals durchgeschnitten und dann der Bauch aufgeschlitzt.
Vorsicht wegen der Galle, die nach dem Herausnehmen sofort weggeschnitten wird.
Der Rogen (die Eier) oder die Milch werden abgewaschen und zur Fischsuppe verwendet.
Das Blut wird aufgefangen, und falls schwarze Brühe gemacht wird, dazu verwendet.
Wird der Fisch wie Wiener Schnitzel in Fett gebacken, so schneidet man ihn im Rücken durch und macht fingerbreite Stücke, die man nun salzt, in Mehl, Ei und Brösel taucht und in heißem Fett ausbäckt.

Karpfen mit schwarzer Brühe

Ziemlich viel Zwiebel, Petersilie, Sellerie und gelbe Rübe, 1 Lorbeerblatt, dann etwas Zitronenschale, das Blut, 1 Löffel Zucker,

10 Zwetschken (gedörrte), Salz: alles kochen, bis das Gemüse weich ist.
Indessen Lebkuchen reiben und in kaltem Wasser einweichen.
In die Brühe den Lebkuchen hinein, fast eine Stunde kochen lassen, 1 Eßlöffel Himbeer- oder Ribismarmelade (oder Sirup) und kleine Mandeln und Rosinen; besser ist 5 bittere Mandeln mit der Schale mitkochen, schälen und hacken.
Die Brühe abseihen. Der Lebkuchen allein muß die Brühe dicklich machen.
Zucker, Essig und Salz nach Bedarf. Die Fischstücke in die Brühe legen und 10 Minuten ziehen lassen.

Kleine Weißfische

Von diesen schabt man die Schuppen ab, wäscht sie, schneidet sie am Bauch und Rücken und nochmals in der Mitte durch, so daß 4 Teile daraus werden. Nun setzt man sie in etwas Mehl und legt sie in heiße Butter oder Öl, in das man Zwiebelscheiben einschneidet; umwenden, Zitronensaft dazu.

Sulzfisch

Der ganze Fisch (jeder Süßwasserfisch) oder nur der Kopf wird in Salz- oder Essigwasser (zwei Pfefferkörner und 1 Nelke) gekocht. Die Suppe wird abgeschöpft und noch etwas eingekocht und über den Fisch oder Kopf gegossen; an kaltem Ort erstarren lassen.

Paprikafisch

Butter mit Zwiebel aufschäumen lassen, 1 Messerspitze Paprika dazu. Den geteilten, gesalzenen Fisch hinein, dünsten lassen, dann wenden. Der Fisch ist sehr rasch fertig.

SEEFISCHE

Zu den Seefischen gehören: Schellfisch, Dorsch, Kabeljau, Scholle, Hering.
Vorbereiten der Fische: Entschuppen, putzen, ausnehmen, die schwarze Haut innen entfernen, schnell und gründlich waschen, innen und außen mit Salz einreiben und mit Essig und Zitronensaft beträufeln und 1 Stunde liegen lassen; dann erst verwerten.

Gekochter Seefisch

2 Pfund Fisch vorbereiten.
In 2 Liter Wasser kocht man Suppengemüse: Zwiebel oder Porree, Petersilie, Sellerie, Möhren, salzt, gibt etwas Essig dazu und etwas Gewürz: Pfeffer, Neugewürz und Thymian.
Seiht alles ab und bringt den Sud wieder zum Kochen, legt den Fisch (in Teilen) in den kochenden Sud und läßt ihn auf dem Herdrand 20–40 Minuten ziehen; nicht kochen.
Man nimmt ihn mit dem großen Löffel heraus und trägt ihn mit Butter und Zitronensaft auf. Aus der Suppe eine Senfbrühe bereiten, indem man 1 Eßlöffel Senf dazu gibt. Sauere Sahne mit Mehl verrühren, dann Nachsalzen und Essig oder Zitronensaft nach Geschmack. Der gekochte Fisch wird dann mit der Senfbrühe übergossen.
Auch Tomatensoße kann man mit dem Sud bereiten: Tomatenmark und Einbrenne einkochen; abschmecken mit Salz und Essig, Zucker.

Gebackener Fisch

Kleine Fische entgräten, große in Scheiben schneiden.
Die vorbereiteten Stücke etwas salzen, in Mehl tauchen und sofort auf beiden Seiten in heißem Fett oder Öl braun braten.

Gebratener Seefisch

Den vorbereiteten Fisch legt man in eine befettete Pfanne, übergießt ihn mit heißem Fett oder Öl, belegt ihn mit Zwiebelscheiben, festen

Paradeiserscheiben, Thymian oder Rosmarin und bratet ihn etwa 25 Minuten im Rohr.
Während des Bratens wird öfters mit eigenem Saft begossen. Vor dem Anrichten kann man die Auflage entfernen.
Den Saft kann man auch mit Buttermilch oder Mehl aufkochen.

Seefisch-Gulasch

2 Pfund Fisch.
In 30 g Fett oder Öl röstet man 200–250 g feingeschnittene Zwiebel lichtbraun (oder Porree), gibt 1 Eßlöffel Paradeismark, Majoran oder Thymian, etwas Paprika dazu, dann 1/2 Liter saure Milch mit 50 g Mehl verrührt und läßt alles aufkochen.
Nach dem Abschmecken legt man den in große Würfel geschnittenen Fisch in die Brühe und läßt ihn 10 Minuten ziehen.

Fisch mit Senfsoße

In die nötige Wassermenge gießt man etwas Essig, salzt und verdickt mit Sauermilch (Buttermilch oder saurer Sahne) und etwas Mehl, gibt auf 1 Liter 1 Eßlöffel Senf dazu und läßt das aufkochen.
Abschmecken, und dann legt man in den am Herdrand stehenden Topf die grünen Heringe oder sonstige Fische und läßt kleine 10 Minuten, Seefische 20 Minuten in der Soße ziehen, bis sie weich sind. Wenn man die Fische kochen läßt, zergehen sie zu Brei.

III

STRECKBUTER ODER FALSCHER KAVIAR

Kleine Speisen

Einfache Streckbutter

2 Eßlöffel weißes Fett (Naturfett, weil geschmacklos und fest) in einer Pfanne mit 3 Eßlöffel Mehl ganz licht verrühren; 1 Tasse (1/8 Liter) gekochte kalte Milch zugießen und aufkochen lassen. Unter Rühren abkühlen (im Wasserbad).
3 Eßlöffel Butter schaumig rühren und nach und nach die erkaltete Masse dazugeben und etwas Salz.
Im Kühlen aufbewahrt einige Tage haltbar.

Feine Streckbutter

125 g Butter schaumig rühren, nach und nach kaffeelöffelweise 1/8 Liter (1 Tasse) gekochte kalte Magermilch zugießen und schaumig rühren. Ergibt ca. 240 g.
Kühl aufbewahren.

Brotaufstrich vom Rindfleisch

Fleischreste aller Art durch die Fleischmaschine treiben, mit etwas Butter, fein zerdrückten Sardellen oder Heringsmilch und etwas Senf, gesalzen gut vermischen.

Fleischreste-Aufstrich

Fleischreste fein hacken, mit Salz und Majoran (Thymian oder Kümmel), etwas Zwiebel, Pfeffer und bissel Suppe mischen; Suppenwürze dazu.

Falsche Leberwurst

1 Eßlöffel Fett mit viel Zwiebel hellgelb dünsten, mit 20 g Hefe in einer Tasse Milch aufgelöst aufkochen, dann etwas abkühlen und mit 3–4 Eßlöffel Semmelbrösel oder Haferflocken vermischen; Salz, Pfeffer (Majoran, Thymian und Würze) nach Geschmack dazu.

Heringsaufstrich

Gewässerter Salzhering ohne (oder mit) Fleischresten fein hacken. 1 Eßlöffel Fett schaumig rühren, mit dem Gehackten, Senf, Essig, Salz und etwas Zucker vermischen.

Falscher Kaviar

1 Hering (Milchner) wird entgrätet und etwas gewässert, dann fein gewiegt.
Die Milchmasse mit 1 hartgekochten Dotter, Öl, Senf, Essig oder Zitronensaft und gekochter Zwiebel verrühren; das fein gehackte Eiweiß dazugeben.

Brotaufstrich aus Bücklingen

Von 30 g Fett und Mehl eine lichte Einbrenne: läßt sie auskühlen. Nun mengt man die entgräteten, fein gehackten 3 Fische sowie 2 Eßlöffel Essig, 2 bis 3 Tomaten, etwas feingeschnittene Zwiebel und Salz darunter.

Kaninchen-Paprika

Eine große Zwiebel fein zerschneiden, in Fett goldgelb rösten; das Fleisch zerschnitten hinein; Salz, Paprika dazu und im eigenen Saft dünsten lassen.
Etwas Suppe oder Wasser zugießen.
Sobald das Fleisch weich ist, dasselbe herausnehmen; die Brühe seihen, mit etwas Mehl (in kaltem Wasser mit 1 Dotter gut verquirlt) in der Sauce einmal aufkochen und dann das Fleisch wieder hineinlegen.

Reis mit Fleischresten

Feingeschnittene Zwiebel in Schweinefett gelblich anlaufen lassen, dann kleingeschnittene Braten- oder Selchfleischreste (auch übriggebliebenes Bratenfett) dazu, eine Weile rösten, dann Reis, Wasser dazu, noch Salz, und im Rohr dünsten.

Tiroler Geröstel

Kalte Kartoffelreste, Fleisch- oder Wurstreste werden mit etwas in Fett gebräunter Zwiebel untermischt und in einer befetteten Form im Rohr durchgewärmt.
Etwas Suppe oder Fleischbrühe und Salz darüber.

Gefüllte Paprikaschoten

6 große grüne Schoten werden entkernt, gewaschen und gefüllt.
Fülle: 250 g rohes Rindfleisch fein gehackt, 1 geweichte Semmel, ausgedrückt, oder 1 gehäufter Eßlöffel Reis, 30 g Butter, 1 Ei, etwas Salz und Pfeffer.
Dies Gemenge in die Schoten füllen.
In einer runden Pfanne Paradeisbrühe anrichten, damit die hineingelegten Schoten davon ganz bedeckt sind.
Die Brühe (siehe bei Tomatensauce) kann mit Tomatenmark zubereitet werden.
Wer keine Fleischfülle will, gibt zur Fülle statt des Fleisches noch 125 g Reis oder 3 eingeweichte Semmeln.

Gedünstete Kalbsleber/Schweineleber

Die Leber wird in schmale Scheiben geschnitten.
In eine weite Kasserolle gibt man ziemlich viel Fett und Zwiebel und läßt diese lichtgelb anlaufen.
Nun legt man die mit Mehl bestäubten, n i c h t gesalzenen (sonst wird die Leber hart) Leberscheiben in das Fett, dünstet sie eine Viertelstunde, dann wendet man sie um und dünstet sie auf der anderen Seite.

Zuletzt gießt man etwas Wasser zu, und erst vor dem Essen wird gesalzen und etwas Zitronensaft daran gegeben.
Etwas gestoßener Pfeffer erhöht den Geschmack.

Gansleber, gedünstet

Die Gansleber wird in Scheiben geschnitten und mit langen Speckstreifen gespickt.
In Fett, in welchem Zwiebel licht geröstet wurde, auf beiden Seiten dünsten.
Vor dem Essen etwas Wasser zugießen, salzen, mit Mehl verdicken und etwas Zitronensaft dazutropfen.

Gansleber, gebraten

Die Gansleber wird nicht zerschnitten, aber gespickt mit Räucherspeck, in heißes Fett gelegt und etwas Zwiebel dazu.
In der Röhre fertig gebraten unter Zugießen von Wasser.
Zuletzt etwas Wasser zugießen, in dem Mehl verquirlt ist. Salz in die Brühe.
Die fertige Leber in Scheiben schneiden.

DORSCHENBRÜHE UND RIBISELSOSSE

Soßen, Brühen, Tunken
warm, kalt, süß

Warm

Die Brühe (Soße, Tunke) ist bei manchem einfachen Tisch die Hauptsache. Man bäckt Buchteln oder Dalken dazu, kocht Knödel oder Kartoffeln oder Nudeln und das ganze Mittagessen ist fertig.
Würze erst beim Anrichten zugeben.

Krenbrühe mit Einbrenne

In kochendes Wasser (oder noch besser Suppe) rührt man Einbrenne ein. Ist die Brühe dick genug, wird sie gesalzen, und vor dem Essen soviel geriebener Kren hineingetan als nötig.

Krenbrühe mit Schmetten oder Milch

In kochende Milch wird etwas Fleischsuppe gegossen.
In einem kleinen Topf rührt man süßen Schmetten oder Milch mit etwas Mehl an, gießt dieses in die kochende Suppe und läßt sie aufkochen.
Etwas Salz, Zucker und Kren vor dem Essen nach Bedarf dazu.
Einige geschälte, feingehackte Mandeln, gekocht, und mit dem Wasser in die Brühe gegossen noch dazu.

Knoblauchbrühe

Hat man Selchfleisch gekocht, so wird die Suppe zur Knoblauchbrühe verwendet.
Diese wird mit Einbrenne verdickt und feingeriebener Knoblauch dazugegeben.

Leberbrühe

1/2 Pfund Schweins-, Rinds- oder Kalbsleber auf 2 Liter Brühe wird ohne Salz in Wasser gekocht, die Suppe abgeseiht, mit Einbrenne verdickt, Essig, Salz und gestoßener Pfeffer dazu.
Die Leber wird, gerieben oder feingeschnitten, hineingeschüttet und einen Moment aufgekocht.

Kuttelfleckbrühe

Kuttelflecke werden fein geputzt, gewaschen und nudlig geschnitten.
In einer Kasserolle Zwiebel in Fett anlaufen lassen, die Kuttelnudeln hinein und eine Weile darin dünsten, Wasser zugießen (auch etwas Fleischsuppe oder Knochensuppe).
Sobald sie weich sind, Essig, Pfeffer, Salz, Zitronenschale, etwas Ingwer und Fetteinbrenne dazu.

Zwiebelbrühe, einfach

In einem Topf läßt man Fett mit ziemlich viel Zwiebel lichtgelb anlaufen, gibt Mehl dazu und läßt nun die Einbrenne braun werden.
Dann wird Wasser oder Suppe zugegossen, soviel als man Brühe braucht, und kochen gelassen, etwa 1/2 Stunde.
Nun verdickt man die Brühe noch mit weiterer Einbrenne, salzt und seiht sie vor dem Essen durch.

Zwiebelbrühe, süß-sauer

In einem Topf Fett, eine große Zwiebel, Essig, Zucker, für 1 Liter, dünsten, bis alles bräunlich wird.
Dann Wasser zugießen (oder Fleischsuppe), aufkochen lassen, abseihen, mit Einbrenne verdicken, salzen.
Nach Bedarf auch Zucker und Essig.

Dillbrühe, braun

Suppe oder Wasser mit Essig und Salz kochen lassen, mit Einbrenne verdicken und zuletzt feingeschnittenen, trockenen oder grünen Dill hinein.

Dillbrühe mit Schmetten

In kochende Milch wird etwas Schmetten, mit Mehl verquirlt, eingekocht und Salz, Essig, etwas Zucker, zuletzt 1 Ei und feingeschnittener trockener oder grüner Dill hineingetan.

Kartoffelbrühe

Kartoffel im Salzwasser mit Kümmel kochen, gut zerstampfen, dick mit Einbrenne verkochen, Essig darangeben und etwas Majoran und gestoßenen Pfeffer.

Paradeisäpfelbrühe

Einige frischgepflückte rote oder eingelegte Paradeisäpfel oder Mark mit etwas Zwiebel, einigen Neugewürz- und Pfefferkörnern im Wasser aufkochen, durchseihen, mit Einbrenne verdicken; Salz und Zukker nach Bedarf dazu.

Dorschenbrühe

Die Dorschen werden geschält, gewaschen und fein geschnitten, in Wasser (ein wenig Fleischsuppe dazu) weichgekocht.
Mit Fetteinbrenne wird eine dickliche Brühe gemacht. Etwas Essig, Salz und gestoßenen Pfeffer dazu.
Auch sauren Schmetten kann man dazurühren.

Gelbe-Rübenbrühe

In kaltem Wasser nudelig geschnittene gelbe Rüben zustellen und weichkochen; mit Fetteinbrenne verdicken, Salz und etwas Zucker dazu und noch Petersilienblätter.

Sardellenbrühe

Fleischsuppe wird mit Fetteinbrenne verdickt. Auf 1 Liter Brühe 2–3 geputzte Sardellen werden fein zerdrückt und mit Butter vermengt, dann in die Brühe hineingegeben.
Nicht aufkochen, nur verrühren; salzen nach Bedarf.

Brühe von frischen Schwämmen

Frische Schwämme werden geputzt, gewaschen, fein geschnitten, sodann mit kaltem Wasser zugestellt und weichgekocht.
Salz, Essig, gestoßenen Pfeffer dazu, mit Fetteinbrenne verdicken und etwas sauren Schmetten dazu.

Brühe von getrockneten Schwämmen

Die Schwämme werden mit kaltem Wasser am Tage vorher aufgeweicht, dann zugestellt und weichgekocht, abgeseiht und auf einem Brett fein gehackt.
In die Brühe wird Fetteinbrenne eingekocht; etwas Salz, Pfeffer und Essig dazu und dann die Schwämme hinein. Auch sauren Schmetten kann man dazugeben.

Bohnen- und Linsen-Brühe

Am Tage vorher werden getrocknete Bohnen oder Linsen eingeweicht, am andern Tag weichgekocht.
Mit Fetteinbrenne etwas verdickt. Salz, Essig, Pfeffer dazu. Mit saurem Rahm verfeinert.

Falsche Lungenbratentunke

Allerlei Gemüse und Gewürz in Fett etwas braun rösten, mit Wasser aufkochen, salzen, Essig, etwas Einbrenne, und zuletzt, wenn alles durchgeseiht, mit Buttermilch und etwas Mehl eindicken.

Weiße Rahmtunke

40 g Butter mit 80 g Mehl gut aufschäumen lassen und immer rühren, damit die Tunke weiß bleibt.
1/2 Liter Sahne oder Milch am Feuer rasch glatt rühren, bis es sich vom Kochlöffel löst.
Man kann noch Sahne dazu geben, dann Salz und Essig.

Senf-Tunke

In Buttereinbrenne Suppe aufkochen, 1 Kaffeelöffel Senf oder mehr, etwas Salz, Essig, Zucker.

Kalt
(Zu gekochtem Fleisch)

Kalter Eierkren

1/2 Liter Wasser mit Essig, 2 Dotter, etwas Zucker unter beständigem Rühren auf der Herdplatte dicklich werden lassen, dann wegstellen und weiter rühren, bis es kalt ist.
Dann mit 1 Eßlöffel geriebenem Kren abschmecken.

Apfelkren

3 große Kochäpfel schälen, im Wasser weichkochen, durchseihen. 1 Eßlöffel geriebenen Kren mit 2–3 Eßlöffel Essig in den Apfelbrei, zuletzt Zucker und etwas Salz dazu.

Kalte Krentunke

Für gekochtes Rindfleisch verwendet man auch Essig, mit Wasser vermischt, etwas Salz, Zucker und feingesiebte Semmelbrösel und feingeriebenen Kren.

Kalte Eiersoße

Zwei hartgekochte Dotter durch Sieb treiben, mit Salz, Essig, weißem Pfeffer vermischen, tropfenweise 1 Eßlöffel Öl daran.
Das feingehackte Eiweiß und Schnittlauch dazu.

Süß

Zu Nudeln, Hörnchen, Makkaroni, Grieß-, Reisbrei, zu Semmeln, gebackenem Kleingebäck, Buchteln, Knödeln. Teils warm, teils kalt.

Himbeersoße, Ribisel, Erdbeeren

Himbeeren in Wasser kochen, mit Milch und Mehl verdicken; Zucker und Vanille nach Geschmack.

Dreimussoße

Obstmischungen wie Äpfel, Himbeeren, Tomaten oder Birnen, Brombeeren, Tomaten, Zwetschken, Äpfel, Tomaten und andere Obstsorten können in Wasser gekocht, durch die Fleischmaschine getrieben und dann mit Milch und Mehl verdickt werden.
Zucker, Zimt und Vanille.

Brombeersoße

Brombeeren werden ebenso zubereitet, wie oben angeführt; sie müssen aber ganz reif sein, da sonst zu viel Zucker benötigt wird.

Heidelbeer/Schwarzbeersoße

Schwarzbeeren kocht man in Wasser auf, rührt dann Milch mit Mehl verquirlt dazu; Zucker, Zimt und Nelken.

Zwetschkensoße

Frische Zwetschken in Wasser kochen, mit Milch und Mehl einrühren; Zucker und Zimt, auch Zitronenschale dazu.

Soße von gedörrten Pflaumen

Die Pflaumen werden in Wasser weich gekocht, entkernt, durch die Fleischmaschine gedreht oder im Wasser verquirlt, mit Milch (Sahne) und Mehl eingerührt; Zucker, Zimt, Zitrone nach Belieben.

Fruchtsoße

1/4 Liter roter Fruchtsaft oder 2 – 3 Eßlöffel Marmelade mit 1/4 Liter Wasser zum Kochen bringen.
1 Teelöfel Kartoffelmehl mit etwas Wasser anrühren und in die Mischung gießen; zum Abschmecken Vanille.

IV

VORNEWEG DAS SAUERKRAUT

Gemüse

Gemischte Kost ist die natürlichste. So soll neben dem Fleisch, Fisch, Ei, welche im Übermaß genossen gesundheitliche Schäden zur Folge haben können, reichlich Gemüse, Salate und Obst in den Speisezettel eingebaut werden. Sie bieten einen großen Reichtum an Vitaminen, Nährsalzen und anderen Stoffen, welche oft ausgleichend wirken können und gesund erhalten.

Vor allem gilt es, Gemüse, Salate und Obst keimfrei zu machen, d. h. gut zu waschen und so entweder roh oder gekocht, gedünstet, gedämpft auf den Tisch zubringen. Der rohe Genuß von Gemüse, Salaten und Obst bietet die vollen Nährwerte; beim Kochen und Dünsten muß man auf die Nährwerterhaltung bedacht sein: Man nimmt entweder nur wenig Wasser zum Dünsten oder verwendet das Gemüsekochwasser mit zur Bereitung von Suppen.

Das Sauerkraut

Das Sauerkraut wirkt blutbildend und darmreinigend, besonders roh gegessen, und soll oft in dem Speisezettel erscheinen. Im Sudetenland war das Sauerkraut im Winter Hauptgemüse und wöchentlich einigemal auf dem Tisch. Besonders im Bauernhause spielte das Sauerkraut als Gemüse die erste Rolle. Da wurde es zum Schweinebraten, zum knusprigen Gansbraten gereicht, und das war der übliche Sonntagsbraten. Dann wurden auch oft Fleischstücke in den Krauttopf gesteckt und diese als Frischfleisch oder Geselchtes mitgekocht. Das gab dann ein besonders wohlschmeckendes Kraut.

Sauerkraut, gekocht

Wird Sauerkraut zugestellt, so darf man nicht zuviel nehmen, denn es kocht auf.

Die Erfahrung ergibt bald, welche Menge gebraucht wird.

Das Kraut wird in kaltem Wasser zugestellt und mit Kümmel 2 Stunden gekocht und dann mit Einbrenne oder mit Kartoffeln und Mehl verdickt, je nach Belieben.

Sauerkraut, gedünstet

In einer Kasserolle reichlich Fett und Zwiebel anlaufen lassen, das Kraut und etwas Kümmel hinein und unter öfterem Umrühren und wenig Wasserzugießen weichdünsten.
Zuletzt dünne Einbrenne hinein.

Sauerkraut einmachen

Um das Kraut auch für die Wintermonate haltbar zu machen, wird es zentnerweise gekauft oder selbst angebautes verwendet.
Das Kraut wird von den äußeren Blättern befreit und in Viertel geschnitten, die Stengel mehrmals durchgeschnitten und gehobelt. Dann werden einige reine Blätter in ein großes Krautfaß gelegt, das gehobelte Kraut mit Salz und Kümmel vermengt und in das Faß geworfen und nun festgestampft, bis das Faß voll ist.
Bildet sich schon zuviel Wasser, so wird es abgeschöpft.
Zuletzt wird das Kraut mit Blättern zugedeckt, ein Brett darauf gelegt und mit großen Steinen beschwert.
Am ersten Tag darf man das Wasser noch abschöpfen, damit es nur bis zum Holzdeckel reicht, am zweiten Tag darf man nicht mehr daran rühren, denn steht das Kraut zum Ausgären in der Küche, so beginnt gleich der Gärprozeß und der darf nicht gestört werden.
In einigen Tagen bildet sich Schaum, doch fällt dieser nach 8 – 12 Tagen oder noch längerer Zeit zusammen: ein Zeichen, daß der Gärprozeß vollendet ist, der sich darin äußert, daß Luftblasen aufsteigen.
Die Steine werden dann entfernt, ebenso die Blätter und die oberste Krautschicht, und es wird nun ein reiner Leinwandfleck darüber gebreitet; der Deckel und die Steine werden wieder darauf gelegt.
Das Kraut soll im Kühlen stehen und soviel eigner Krautsaft darüber stehen, daß es immer frisch bleibt. Beim Herausnehmen drückt man es fest aus, damit das Krautwasser bleibt. Nur im Notfalle gießt man etwas Salzwasser wegen der Haltbarkeit zu. So bleibt Sauerkraut frisch bis ins Frühjahr hinein.

Weißkraut, gekocht

Das Häuptelkraut wird fein mit dem Messer geschnitten.
Für 4 Personen rechnet man fast 2 Pfund Kraut.
Man gibt es in einen Topf, Wasser, Kümmel und Salz dazu und läßt es zugedeckt etwa 2 Stunden kochen, gibt Fetteinbrenne hinein und verrührt sie oder reibt 2 rohe Kartoffeln, rührt diese mit Mehl und Wasser an und rührt dies in das Kraut ein, damit es dicklich wird.
Essig und Salz gibt man nach Bedarf zu.

Weißkraut, gedünstet

In einer Kasserolle läßt man feingeschnittene Zwiebel in Fett lichtgelb anlaufen, wirft das geschnittene Kraut hinein, gibt Salz, Kümmel und etwas Wasser und Essig dazu und läßt es zugedeckt weich dünsten, unter öfterem Zugießen von etwas Wasser, damit es nicht anbrennt.
Zuletzt wird lockere Fetteinbrenne dazugerührt; Salz und Essig nach Belieben dazu.

Weinkraut

Häuptelkraut wird fein geschnitten, in wenig Salzwasser weich gekocht.
In einem Topf Fett mit Zwiebel rösten lassen, etwas Zucker dazu, das Kraut hinein und mit ein wenig Weißwein statt Essig aufkochen lassen, mit geriebenen Kartoffeln und etwas Mehl einstäuben oder mit Einbrenne verdicken.

Krautwickel

Große Krautblätter werden gut gewaschen, eine Weile in kochendes Wasser gelegt und zugedeckt liegen gelassen.
Unterdessen bereitet man Hackbratenrohfleisch mit allen Zutaten, Würfelspeck, Salz, Zwiebel, Pfeffer, Majoran, und legt nun eine Fleischmasse in Wurstform je auf ein Krautblatt, rollt es ein, bindet es und legt alle nacheinander in eine Bratpfanne, in der Fett zerlassen wurde.
Als Fülle kann man auch gehacktes Mischgemüse mit Brösel und Ei anstatt Fleisch verwenden.
Diese Wickel werden dann im Rohr öfters begossen und gebraten.

Rotkraut

Fein geschnitten, in einen irdenen Topf geben, mit etwas Essig übergießen: man gibt auch etwas Speisesoda dazu, um die rote Farbe zu erhalten.
Nun läßt man in einer Kasserolle Zwiebel in Fett anlaufen, gibt das Kraut mit dem Essig dazu, salzt und läßt es weichdünsten unter öfterem Umrühren und Wasserzugießen.
Zuletzt etwas Zucker, Salz, Pfeffer und Essig nach Bedarf oder eine dünne Fetteinbrenne.

Gelbe Rüben/Kohlrabi

Diese werden gewaschen, abgeschabt, in Scheiben und dann in Nudeln geschnitten.
Indes läßt man in einer Kasserolle feingeschnittene Zwiebel in Fett licht anlaufen und wirft die gelben Rüben hinein, dünstet sie eine Weile, gibt Salz, Zucker und Wasser zu und läßt die Rüben weich werden. Etwas Einbrenne, damit sie zusammenhalten.
Zucker und feingehackte Petersilie dazu.

Karfiol

Der Blumenkohl wird geputzt, in kaltem Salzwasser weich gekocht, das Wasser abgeseiht (und zur Suppe gegossen), der Karfiol auf einen Teller gelegt, Semmelbrösel darauf gestreut und heiße Butter darüber gegossen – und gleich gegessen.

Schnittbohnen

Von jungen Schnittbohnen werden die beiden Spitzenden abgeschnitten und der daran hängende Faden abgezogen, dann die Schoten in kleine Stückchen geschnitten.
Man wirft sie in kochendes Wasser und läßt sie nicht zugedeckt kochen, damit sie grün bleiben.
Wenn sie noch nicht ganz weich sind, abseihen.
In einer Kasserolle etwas Butter oder Fett und ein bißchen feingeschnittene Zwiebel lichtgelb anlaufen lassen, die Schoten hinein, etwas Kochwasser oder Fleischsuppe darauf und weichdünsten.

Zuletzt noch Salz, Pfeffer, gestoßen, etwas dünne Fetteinbrenne. Den Rest des Kochwassers kann man zu Suppen verwenden.

Grüne Erbsen

Aus den Schoten löst man die Erbsen aus und wirft sie in eine Kasserolle, in welcher man Butter mit etwas gehackter Petersilie und etwas Zucker aufschäumen ließ, gießt etwas Wasser zu, dünstet sie zugedeckt eine Viertelstunde, staubt sie mit ein wenig Mehl ein, gibt 2 Eßlöffel Wasser oder Suppe dazu und ein bißchen Salz (evtl. Ingwer).

Spinat, gekocht

Nach gründlicher Reinigung und mehrmaligem Waschen wird der Spinat in kochendes Wasser geworfen und ohne Zudecken einigemal aufwallen gelassen: so bleibt er grün.
Abgeseiht wird er fein gehackt, bei großen Mengen durch den Fleischwolf getrieben. Unterdessen läßt man in einem Gefäß etwas Fett mit Zwiebel licht anlaufen, gibt den Spinat hinein und dazu etwas Spinatkochwasser, damit eine breiige Masse entsteht.
Würze mit etwas Salz, Pfeffer oder Ingwer, verdickt mit etwas Einbrenne oder mit Sahne, der man etwas Mehl beimengt.
Dazu reicht man meist gekochte Eier oder Spiegeleier und Kartoffeln.
Das übrige Spinatwaser wird zur Suppe verwertet, indem man es mit lichter Einbrenne aufkocht, etwas salzt, Würze dazu gibt und mit in Fett gerösteten Brotwürfeln (oder Semmelwürfeln) zu Tisch bringt.

Spinat, gedünstet oder gedämpft

Der gut verlesene und gewaschene Spinat wird mit ganz wenig Wasser weich gedünstet oder im Dampfkochtopf 10 Minuten gedämpft.
Nachher zerkleinert und dann in dem Gefäß weiter behandelt, in welchem man Fett und etwas Zwiebel hat rösten lassen.
Reicht der Eigensaft nicht aus, gießt man noch etwas Wasser zu, wenig Salz oder Milch und etwas Mehl oder Eidotter.
Als Beigabe Ei und Kartoffeln.

Spargel

Die Stengel des Spargels werden abgeschabt, gewaschen, in Bündel gebunden und in Salzwasser weichgekocht, abgeseiht, auf den Teller gelegt, Semmelbrösel werden auf die Spitzen gestreut und heiße Butter darübergegossen.

Schwarzwurzeln

Waschen und die schwarze Rinde abschaben.
In Salzwasser weichkochen, abtropfen, mit Butter begießen und mit Brösel bestreuen.
Das Kochwasser für Suppen verwenden.

Porree

Die gut geputzten Porreestangen waschen, in halbfingerlange Stücke schneiden.
Etwas Fett und Mehl zur Einbrenne hell rühren, mit Wasser aufgießen, die Stangen hineinlegen, etwas Zwiebel, Pfeffer, Kümmel, Salz und den Porree weichdünsten.

Kürbis

2 Pfund Kürbis werden geschält, entkernt, nudelig geschnitten und gesalzen.
20 g Fett mit 1 Zwiebel anrösten, Paprika, Kümmel und den Kürbis weichdünsten.
1/4 Liter Buttermilch mit 1–2 Eßlöffel Mehl versprudeln und einrühren, mit 1 Eßlöffel Paradeismark aufkochen.
Wasser nach Bedarf zugeben und salzen.

Herrenpilze und Eierschwämme, gedünstet

Die Herrenpilze und Eierschwämme werden geputzt, gewaschen und in einer Kasserolle mit Wasser gedünstet, in welcher man Fett oder Butter mit feingeschnittener Zwiebel lichtgelb anlaufen läßt.
Die größeren Eierschwämme oder die Pilze werden in Scheiben geschnitten und so lange gedünstet, bis das Wasser verdunstet und nur das Fett zu sehen ist.

Etwas Salz und Kümmel läßt man mitkochen.
Nun schlägt man Eier in einen kleinen Topf auf, quirlt sie gut durch und gießt sie über die Schwämme, welche man gut durcheinander mengt.

Erbsen/Linsen, gekocht

Die Linsen werden gewaschen und Tage vorher in Wasser eingeweicht und am Kochtag weichgekocht.
Man darf nicht zuviel Wasser zugießen.
Sobald die Linsen weich sind, wirft man sie in eine Kasserolle, in welcher ziemlich viel Fett und etwas lichtbraun geröstete Zwiebel heiß gemacht worden sind, und wendet die Linsen darin einigemal um. Man kann auch Essig dazugießen und noch einige Tropfen Fleischwürze beifügen.
Dazu reichlich Salat oder Sauerkraut, nicht Fleisch, denn die Linsen vertreten mit ihrem Eiweiß das Fleisch.

DÄNISCH, RUSSISCH, WELSCH

Salatsoßen

Rohe Mayonnaise

2 Eigelb glatt rühren und tropfenweise 5 Eßlöffel Öl darunter, etwas Salz und Zitronensaft.

Feine Salatsoße

1 Eigelb mit 2 – 3 Eßlöffel Öl (tropfenweise hinzufügen) glatt rühren, Zitronensaft, Salz, 1 gekochtes Ei fein hacken, 1 Zwiebel, 3 Pfeffergurken, etwas Petersilienblatt (Estragon und Kerbelkraut), feingehackt nach und nach dazu und noch Öl und Zitronensaft nach Bedarf.

Zitronensoße

1 Zwiebel, 1 kleine Salzgurke, 1 hartgekochtes Ei, 2 Pfeffergurken, 1/2 Löffel Kapern, etwas Pfefferminz- und Estragonkraut feingewiegt mit 5 Löffel Öl, 3 Löffel Zitronensaft vermischen.
Mit Wasser, wenn nötig, verdünnen.

Senf-Chaudeau zu kaltem Braten oder Fisch

2 ganze Eier, 2 Dotter, 1 Tasse (1/4 Liter) Wasser, 4 Kaffeelöffel Senf, Weinessig, etwas Salz und Zucker: abschmecken, am Feuer so lange rühren, bis die Masse aufsteigt, dann wegstellen und kalt rühren.

Salate

Kopfsalat, Feldsalat, Endiviensalat

Kopf- und Feldsalat werden meist mit ganzem Blatt geboten; Endivien und Spinat ganz fein nudlig geschnitten und wie üblich werden sie mit Zitronensaft oder Essig, wenig Salz, (Zucker), Öl oder geröstetem Speck angemacht.
Aber auch saure Sahne mit obigen Zutaten gibt guten Geschmack.
Nach Belieben gibt man auch feingeschnittenen Schnittlauch, Zwiebel oder Dill zur Geschmacksaufbesserung.
Endiviensalat soll nicht durch Auswässern der Bitterstoffe beraubt werden, die sich bei obiger Zubereitung verdecken lassen, da diese wie etwas Wermut gesundheitliche Werte darstellen.

Gurkensalat

Die Gurke wird geschält, gehobelt, mit Essig, Salz, gestoßenem Pfeffer angemacht und frisch gegessen.
In manchen Gegenden gibt man etwas sauren Schmetten dazu.

Spinat

Er ist eine der wertvollsten Gemüsesorten und wird jetzt zum großen Teil roh verzehrt, um die Nährwerte auszunutzen.
Man schneidet ihn ganz fein und bereitet daraus einen Salat mit den üblichen Zutaten. Auch durch den Fleischwolf getrieben oder gemixt und nur mit Zitronenensaft, eventuell etwas Öl vermischt, schmeckt er ausgezeichnet.

Schwarzwurzel-, Selleriesalat, roh

Den Sellerie, bzw. die Schwarzwurzeln hobeln oder reiben, sofort mit Zitronensaft oder saurem Rahm begießen, damit sie weiß bleiben, dann mit Öl und Kräutern (Petersilie) anmachen.

Selleriesalat

Der Sellerie wird mit der Schale weichgekocht, abgeseiht, geschält, in kleine dünne Scheiben geschnitten; Salz, feingeschnittene Zwiebel, Essig, Öl, gestoßener Pfeffer werden dazugemengt.
Möglichst lange durchziehen lassen.

Karottensalat

Hobeln und mit Salatsoße anmachen.

Steinpilz-, Champignonsalat

Frische Champignons putzen, in feine Scheiben schneiden, mit gehackter Zwiebel, Petersilienblatt, Schnittlauch, Öl, Zitronensaft oder saurem Rahm anmachen.

Gemischter Salat

1/2 Pfund Sauerkraut, 1/2 Pfund Tomaten, 1/2 Pfund Äpfel, 1 Zwiebel fein schneiden und mit Mayonnaise anmachen. 2–3 Stunden ziehen lassen. Bergartig anrichten und mit zarten Salatblättchen und Tomatenscheiben verzieren.

Rohkostplatte

Sellerie-, Kohlrabi-, Karotten-, Blumenkohl-, Tomaten-Salat werden einzeln angemacht und hübsch auf einer Platte geordnet. Als Randverzierung Salate oder Petersilie.

Mischsalat

1/2 Gurke, zwei Drittel Weißkraut. Letzteres roh fein schneiden, mit etwas Salz in einem Gefäß stampfen. Dann wird es weich, 1 Stunde stehen lassen. Dann die feingehobelte Gurke, Zwiebel, Petersilienblatt, Essig und Salz (Öl) dazu und alles gut mischen.

Blumenkohlsalat

Blumenkohl in Salzwasser nicht zu weich kochen, in Würfel schneiden, Petersilienblätter fein hacken (oder Schnittlauch), Gewürzgurken, Zwiebel, Essig, Salz, Öl.

Karfiolsalat

Der Karfiol wird in Salzwasser weichgekocht, abgeseiht, mit Essig und Öl und etwas Kochwasser übergossen.
Kochwasser zu Suppen verwerten.

Rohsalat

1/3 Möhren, zwei Drittel Kohlrabi fein reiben, Zucker, Salz, Öl, Essig mischen.
1 Stunde ziehen lassen.

Blattsalatgemisch

Blattsalat nudelig schneiden, mit Rettich, Petersilienblatt, Essig, Öl, Zucker und Salz mischen – gleich eßbar. Oder: Blattsalat, geriebene rohe Möhren, Dill oder Petersilie, Essig, Salz, Zucker, Öl.

Bohnensalat

Die Bohnen abends einweichen in Wasser.
Man kocht die Bohnen, bis sie weich sind, seiht sie ab, macht sie mit Essig, Salz, gestoßenem Pfeffer und Öl an und etwas Kochwasser.
Rest zu Suppen verwerten.

Rote-Rüben-Salat

Rote Rüben werden mit der Schale gekocht.
Die Rüben mit der Bürste in Wasser rein putzen, mit Wasser zum Kochen aufsetzen; sobald sie weich sind, den Saft abseihen und ausgekühlt Essig, Salz, Zucker dazu.
Die Rüben werden geschält, in Scheiben geschnitten oder gehobelt und mit Kren und Fenchel in ein Gefäß geschichtet (nicht Metallgefäß). Darüber gießt man die vorher beschriebene Soße.

Ungarischer Mischsalat

2 Häuptelsalate in Nudel geschnitten, 5 gekochte Kartoffeln, ebenfalls nudelig geschnitten, 1–2 hartgekochte Eier klein hacken, alles leicht untereinandermischen, mit der üblichen Essig- oder Zitronensaftsoße (Wasser, Salz, Zucker, Öl) übergießen.
Wurst- oder Fleischreste nach Belieben.

Welscher Salat

Kalte Kalbfleischreste, Rindfleisch, Wurst, Kartoffeln, Gurken, Sardellen, fein geschnitten, vermengt: kalte Eiertunke darunter.

Russischer Salat

So wie Welscher Salat, doch noch Emmentaler Käse, fein geschnitten, darunter und statt Sardellen Sardinenstückchen.

Dänischer Salat

125 Makkaroni nicht zu weich kochen, in kaltem Wasser schwenken und in 1–2 cm lange Stücke schneiden. 1 Büchse Erbsen und Karotten gemischt dazugeben. 100 g Hartwurst, 2 Gewürzgurken klein schneiden. 1 Apfel reiben. Sämtliche Zutaten mit einem Teelöffel Essig mischen und 2 Eßlöffel Mayonnaise unterziehen.
Mit einer Scheibe Brot zusammen ist das ein vollständiges Abendessen.

Straßburger Salat

125 g Emmentaler und 125 g Schinkenwurst in dünne Würfelchen schneiden, 1 hartgekochtes Ei, 1 kleine Zwiebel in Scheiben.
Diese Zutaten mit Salz, weißem Pfeffer, 1 Eßlöffel Essig und 2 Löffel Mayonnaise mischen.

Weißkrautsalat

Häuptelkraut wird zerschnitten, in Salzwasser weichgekocht und etwas Wasser abgeseiht, Weinessig darüber gegossen, feingehackte Zwiebel dazugemischt, Salz, Pfeffer, feingestoßen; kalt oder warm eßbar.

Rotkrautsalat

Das geschnittene Rotkraut wird in wenig Wasser weichgekocht, in welches man etwas Speisesoda gibt, damit es die rote Farbe behält. Dann wird es mit Essig übergossen, mit Salz, feingehackter Zwiebel und feingeschnittenem Apfel, gestoßenem Pfeffer gut vermengt und über Nacht stehen gelassen.

Paradeisäpfelsalat

Die Äpfel waschen, abtrocknen, in Scheiben schneiden, etwas Salz, gestoßenen Pfeffer, Olivenöl und einige Tropfen Soßen-Würze: ziehen lassen.

Tomatenkörbchen

Von gleich großen festen Tomaten den Stildeckel abschneiden, aushöhlen und mit Zitronensaft bespritzen.
Füllen mit grünen Erbsen oder mit einem Salat, gemischt mit dicker Mayonnaise.

Reissalat

Ist Reis vom Mittagessen übrig geblieben, so mischt man ihn einfach mit 2 Eßlöffeln Mayonnaise und reicht ihn als Salat.

Rindfleischsalat

Kalte Rindfleischreste werden feingehackt, mit feingehackter Zwiebel, kleingeschnittenen, harten Eiern, Salz, gestoßenem Pfeffer, Essig (Öl) angemacht und einige Stunden stehen gelassen.

Fliegenschwamm

Vom hartgekochten Ei schneidet man die Spitze ab und hackt das Eiweiß in Stückchen.
Man schneidet bei einer festen Tomate den Stilboden ab und setzt ihn auf das aufgestellte harte Ei. Bestreicht die Tomate mit Eiweiß und streut die Eiweißstückchen darauf.
Kleine Tomaten setzt man auf stielförmig geschnittene gekochte Kartoffeln.

Marinierte Heringe

8 Heringe in Wasser gut abwaschen, die Haut abziehen und 1 Tag in Wasser oder Milch liegen lassen.
Nun öffnet man die Heringe, nimmt die Milch oder den Rogen aus dem Bauch heraus und rührt ihn in einer Schüssel gut ab, gibt etwas Öl und Essig dazu, später 1/2 Liter süßen Schmetten.
Nun dünstet man 2 Zwiebeln, 1 gelbe Rübe, feingeschnitten, in Butter weich und gibt alles in einen irdenen Topf, wirft noch dazu einen Kaffeelöffel Kapern, 5 Nelken, 8 Pfefferkörner, 1 Gurke, klein geschnitten, sowie kleine eingelegte Herrenpilze.
Läßt alles an kühlem Ort stehen: In 3 Tagen eßbar.

Fischsalat

Man pflückt das gekochte Fischfleisch in kleinen Flocken aus den Gräten und macht es mit Essig, Öl, einigen Tropfen Soßenwürze, Pfeffer und Salz und einer Messerspitze Senf an.
Auch kann man unter diese Salatsoße ein gekochtes Eigelb rühren.
Zum Strecken Kartoffeln.

V

GEGANGENE LIWANZEN
Kartoffelspeisen

Die Kartoffel ist eines der wichtigsten Nahrungsmittel, preiswert und nährwertreich.
Hervorzuheben ist, daß die Kartoffel bis zum Frühjahr, wenn sie zu keimen beginnt, ein hochwertiger Vitamin-C-Spender ist, was durch Schälen in rohem Zustande vielfach verloren geht.
Die Kartoffel soll möglichst nur mit Schale gekocht werden.

Kartoffelkasch

Dünn geschälte Kartoffeln werden mit kaltem Wasser und Salz zum Kochen aufgestellt.
Indessen kocht man Milch oder etwas Rahm ab.
Sind die Kartoffeln weich, abseihen und 1 Minute offen stehen lassen: dann stampft man sie mit einem Quetscher oder mit dem Quirl gut durch, gießt Milch darauf und verrührt das tüchtig mit den Kartoffeln. Wenn nötig, nachsalzen.
Der Brei wird in eine flache Schüssel gegeben und mit Fett, in welchem man Zwiebel braun geröstet hat, übergossen.
Einfacher zubereitet, wird das Kochwasser mit zum Verrühren verwendet.
Das übrige Kartoffelwasser wird mit etwas Einbrenne verkocht und mit in Fett gerösteten Brotwürfeln zu Tisch gebracht.

Kartoffelsterz

Die Kartoffeln werden ebenso zugestellt und durchgestampft wie oben beim Brei angegeben, nur gibt man statt der Milch Mehl dazu und verrührt es gut.
Mit dem Löffel ausgestochene Knödel legt man in eine Pfanne, übergießt sie mit braungerösteter Zwiebel und Fett oder nur mit Fett, und streut Mohn mit Zucker darüber.
In das Kartoffelwasser etwas Grieß einlaufen lassen, Fett und Fleischwürze dazu.

Kümmelkartoffeln

Die Kartoffeln werden wie beim Brei zugestellt; man gibt mit dem Salz auch Kümmel dazu.
Nachdem die Kartoffeln abgeseiht sind, läßt man sie einige Minuten stehen, gibt sie dann in eine Schüssel und übergießt sie mit braungesottener Butter oder mit Fett und braungerösteter Zwiebel.
Zum Kartoffelwasser etwas Fett, Fleischwürze und Brotscheiben: die einfache Suppe ist fertig.

Geröstete Kartoffeln

Man kann die mit der Schale gekochten, geschälten und in Scheiben geschnittenen Kartoffeln rösten und zuletzt ein wenig Milch zugeben, dann werden sie weicher, und man spart Fett.
Man röstet auf vier Arten:
In Fett und öfters gewendet, damit sie bräunlich werden, salzen;
in Fett und braungerösteter Zwiebel;
in Fett mit Griefen;
in braungeröstetem Speck und Fett, das sich ausgebraten hat.

Kalte Kartoffeln, geröstet

Mit der Schale gekochte, geschälte, in Scheiben geschnittene Kartoffeln geben eine schmackhafte Speise.
Die Kartoffeln werden in heißes Fett geworfen, mit Salz und Kümmel bestreut, dann braungeröstet.

Kartoffelgulasch

In einer flachen Pfanne röstet man viel feingeschnittene Zwiebel in ziemlich viel Fett.
Die rohen Kartoffeln werden geschält, in Scheiben geschnitten und in die Pfanne auf das heiße Fett gelegt, mit etwas Salz bestreut.
Wenn sie unten schon ziemlich weich sind, werden sie gewendet und wieder gebraten.
Zuletzt wird etwas Wasser zugegossen. Paprika und Salz nach Belieben.
Sobald die Kartoffeln weich sind, gleich essen.

Kartoffelplinsen

Rohe Kartoffeln dünn schälen, reiben (Wasser nicht abgießen), etwas Mehl und Salz dazurühren und sofort in der Bratpfanne in heißem Fett oder Öl in handtellergroßen, nicht zu hohen Dalken auf beiden Seiten licht backen.
Beim Umdrehen etwas Fett oder Öl zugeben.
Mit Zucker oder zu süßen Soßen sehr gut.

Saftiger Kartoffelsalat

Für 1 kg gekochte, geschälte Kartoffeln bereitet man den Saft mit 1/4 l warmem Wasser, Essig, Öl, Salz, etwas Zucker, Senf, Zwiebel, Pfeffer und gibt die in Scheiben geschnittenen Kartoffeln in den Saft, läßt den Salat einige Stunden stehen und reicht ihn warm oder kalt.

Kartoffelknödel von gekochten Kartoffeln

Auf ein Nudelbrett gibt man 1/2 Liter Grieß und zerdrückt auf diesem 12 bis 14 frisch gekochte, noch heiße, abgeschälte Kartoffeln, damit der Grieß gleichsam gebrüht wird.
Ist diese Masse erkaltet, gibt man 1 ganzes Ei, Salz und 3 Kipfel, in Würfel geschnitten und in Fett geröstet, dazu: Formt runde Knödel und kocht sie 1/4 Stunde in Salzwasser, zerteilt sie mit 2 Gabeln und übergießt sie mit brauner Butter oder Fett, in welchem man Zwiebel braungeröstet hat.

Kartoffelknödel ohne Ei

Etwa 400 g Kartoffeln, die am Tage vorher gekocht worden sind, werden gerieben, mit 100 g Mehl und 100 g Grieß vermischt, etwas Salz. Daraus macht man 12 – 13 Knödel, kocht sie in Salzwasser, zerteilt sie, bestreut sie mit Semmelbröseln und heißer, brauner Butter.

Kartoffelknödel von rohen Kartoffeln

15 rohe, dünn geschälte Kartoffeln reiben, durch ein schütteres Tuch drücken.

Nun kocht man 1/2 Liter Milch auf und gibt in diese 125 g Mehl, rührt es fest und und gießt den Brei heiß über die ausgedrückten Kartoffeln, welche man gut mit dem Milchbrei vermengt.
Das abgegossene Wasser läßt man abstehen und gibt den Mehlsatz auch in den Teig.
Röstet dann 3 Semmeln, gewürfelt, in Fett, salzt, mengt alles gut durcheinander, formt 12 Knödel und kocht sie 1/4 Stunde in Salzwasser.
Zerteilen und mit heißem Fett und Zwiebel, braungeröstet, übergießen.

Kartoffelnudeln

2 Pfund gekochte, kalte Kartoffeln schälen, reiben, salzen, 250 g Mehl oder mehr auf dem Nudelbrett zu einem Teig verarbeiten, dann kleine Stückchen schneiden und sie zu fingerlangen Nudeln auswalken, die man in heißem Fett lichtgelb bäckt.

Kartoffelstrudel

Man macht auf dem Nudelbrett einen Teig von 360 g kalten, gekochten, geriebenen Kartoffeln, 70 g Butter, 2 ganzen Eiern, 140 g Mehl, Salz, formt aus dem Teig einen 30 Zentimeter langen, 25 Zentimeter breiten Streifen (hat man gekochtes Fleisch, so kann man Selchfleisch oder Bratenfleisch hacken und daraufstreuen) oder streut Semmelbrösel von 4 Semmeln darauf, die in Butter geröstet wurden.
Nun rollt man den Teig zusammen, wickelt ihn fest in ein Tuch ein, das man auf beiden Seiten gut zubindet, auch in der Mitte, und kocht den Strudel 1/2 Stunde in Salzwasser.
Dann wird er ausgewickelt, in Scheiben geschnitten und mit heißer Butter begossen.

Powidelknödel mit Rhabarber oder Obst

2 Pfund Kartoffeln frisch kochen, schälen und auf das Brett legen, sofort noch heiß 500 g Grieß, etwas Salz darüber streuen und mit dem Nudelwalker fest durchkneten, damit der Grieß gebrüht wird.
Man kann auch etwas Mehl einstreuen.
Scheiben schneiden, Rhabarber-, Obst- oder Zwetschkenmus darauf und Knödel formen: In Salzwasser 8 Minuten kochen.

Herausnehmen, mit einem Pinsel mit Fett bestreichen, damit sie zusammenkleben; mit Zucker bestreut reichen.

Gegangene Liwanzen

15 roh geriebene Kartoffeln gut ausdrücken, das Wasser stehen lassen und den Mehlsatz wieder in den Teig geben.
1 Liter Milch, lauwarm, 1 Ei, etwas Salz, 1 Kaffeelöffel Hefe und etwas Mehl.
Alles zu dünnem Brei rühren, aufgehen lassen und in Fett kleine Dalken ausbacken.
Zu Soßen oder als Süßspeise mit Zucker sehr gut.

Gebackene Kartoffeln mit Ei

Gekochte, erkaltete Kartoffeln schälen, in Scheiben schneiden.
In eine runde befettete Kasserolle unten eine Schicht Kartoffeln legen, dann ein in Scheiben geschnittenes, hartgekochtes Ei, etwas salzen, und wieder eine Schicht Kartoffeln und eine Schicht von einem Ei, salzen und so weiter; wieviel man gerade braucht. Oben müssen Kartoffeln sein.
Nun verrührt man (beim Gebrauch von 2–3 harten Eiern) etwa 1/4 Liter sauren Schmetten (mit 1 Ei), etwas Salz und Pfeffer, gießt es über die Kartoffeln und bäckt es in der Röhre aus.
Man kann statt der Eierschicht auch gehacktes Selchfleisch streuen.

Gebackene Knödel oder Gagara

Man nimmt auf 3 rohe Kartoffeln einen gekochten Erdäpfel.
Die rohen Kartoffeln werden gerieben und durch ein Tuch fest durchgedrückt, dann kommen die gekochten Kartoffeln dazu. Salzen und soviel saure Milch, daß ein Teig wird, der sich streichen läßt.
Entweder gießt man diesen nun in die Pfanne oder man nimmt ihn in Dalkengröße mit dem Löffel heraus und bäckt ihn in der Omelettenform aus. Viel Fett muß man dazu in die Pfanne geben.
Die Milch kommt nach dem Reiben der rohen Kartoffeln dazu, sonst werden sie schwarz.
Man ißt Schwammerlbrühe dazu oder Preiselbeeren, mit Milch verrührt.

KLEMMERNUDELN UND EGERLÄNDER KLÖSSE

Kartoffeln und andere Speisen aus dem Böhmerwald

Geröstete Nudeln

Man nimmt 1 kg Roggenmehl, salzt es leicht und macht mit Milch einen ziemlich weichen Teig an. Er wird zu stricknadeldünnen Nudeln verarbeitet, welche nicht abgerissen werden. Die Nudeln werden im Rohr etwas getrocknet. Zerlassene Butter wird in eine Pfanne gegeben und die Nudeln darin, auf der Platte oder in der Röhre, geröstet. Zum Anrichten tüchtig mit Schmalz befeuchten und saure Milch dazu.

Erdäpfelsterz

1 kg gekochte Kartoffeln werden geschält, gerieben, gesalzen.
Es wird etwas Reibkäse, 1/4 kg Weizenmehl, mit etwas Kornmehl vermischt, daruntergegeben, gut durchgemischt und abgebröselt.
In der Röhre werden die Brösel etwas getrocknet, so daß sie eine leichte lichtbraune Kruste bekommen, dann werden sie in der Röhre mit Schmettensaurem angebraten.
Zum Anrichten mit Butterschmalz tüchtig befeuchten und saure Milch dazu.

Erdäpfeldotschen

3 Pfund rohe Kartoffeln werden dünn geschält, auf dem Reibeisen gerieben, abgeseiht und durch ein Tuch gedrückt, 1 1/2 Pfund gekochte geriebene Kartoffeln dazugegeben, auch kleine Spalten Äpfel nach Belieben oder Reibekäse.
Salzen und mit saurer Milch anfeuchten.
Man hat eine ziemlich lockere Masse und gibt etwas Weizenmehl dazu, drückt die Masse auf ein mit Fett bestrichenes Blech und bäckt sie im Rohr.

Sobald der Dotsch eine leichte Kruste hat, läßt man ihn auskühlen, zerschneidet ihn in Stücke und brät ihn mit saurem Schmetten wieder im Rohr.
Nachher wird der Dotsch geschmalzen, mit Zucker und Zimt bestreut und mit saurer Milch gegessen.

Egerländer Klöße

1 Pfund gekochte, 1 Pfund rohe Kartoffeln, Salz.
Die gekochten Kartoffeln schälen und reiben, die rohen geschälten reiben, sofort mit den gekochten mischen, Salz zugeben, kleine Klöße formen und 10 Minuten in kochendem Salzwasser lassen.

Krümelkartoffeln

Vom Tag vorher gekochte Kartoffeln schälen und grob reiben, etwas Mehl und Salz mit 2 Gabeln locker untermischen.
Ebenso locker werden sie 1 cm hoch in eine befettete Pfanne getan und im Rohr oder auf dem Herd einseitig gebacken, dann gewendet.
Mit Zucker gut bestreut oder ohne Zucker; zu Salat, Gemüse oder Soßen.

Semmelknödel

In 1/2 Liter Wasser oder Milch löst man ein walnußgroßes Stück Hefe auf, dazu 1 Ei, etwas Salz und soviel Mehl, daß ein lockerer Teig wird, den man aufgehen läßt.
Unterdessen schneidet man 3–4 Brötchen in Würfel, die man auch mit Fett rösten kann, welche in den aufgegangenen Teig kommen.
Dann werden 5–6 Knödel geformt oder man macht 2 Walzen, die man etwa 20 Minuten kocht.
Diese Knödel sind locker und haben den Vorteil, daß sie noch ungeschickten Händen nicht so leicht zusammenfallen.

Wiener Semmelknödel

5 Semmeln in kleine Würfel schneiden und in eine Schüssel werfen.
In einem Eßlöffel Fett 1/2 Zwiebel, die fein geschnitten wurde, licht rösten und zugleich gehackte Petersilie.

Das Ganze über die Semmel gießen und verrühren.
2 Eier mit 1/4 Liter Milch gut quirlen, darüber gießen, salzen und dann etwas Mehl dazu.
Sofort ausstechen und 1/4 Stunde kochen: Nicht zu große Knödel formen.

Einfache Speckknödel

Sie werden ebenso vorbereitet, nur röstet man auch noch ein Stück Speck, der zu kleinen Würfeln geschnitten wurde, und röstet darin die Semmelwürfel, bevor sie in den Teig kommen.

Tiroler Knödel

200 – 300 g Räucherspeck werden in kleine Würfel geschnitten und geröstet; 8 Brötchen, in Würfel geschnitten, in das Speckfett geworfen, eine Weile geröstet, bis sich das Fett hineingezogen hat.
Nun macht man einen lockeren Teig von 2 ganzen Eiern, 1 Dotter, 1/2 Liter Milch und soviel Mehl, wie der Teig es verlangt.
Kurz vor dem Essen gibt man die nicht zu hart geröstete Semmel hinein und mengt dies gut durcheinander, nimmt den Teig aufs Nudelbrett und teilt ihn in 10 bis 12 Teile.
Auf jeden Teil wird etwas gekochtes, gehacktes Selchfleisch oder Kraut gelegt, der Knödel gut zugemacht und in Salzwasser 1/4 Stunde gekocht, zerrissen und mit brauner Butter aufgetragen; Kraut dazu ist sehr gut.

Grießknödel

In 1/2 Liter kochender Milch rasch 500 g Grieß einkochen.
Ist der Brei ausgekühlt, rührt man 100 g Butter, 2 ganze Eier und Salz hinein, macht einige große Knödel und kocht sie 1/4 Stunde in Salzwasser, zerreißt sie dann, bestreut sie mit Semmelbröseln und begießt sie mit heißer Butter.

Nudeln mit Bröseln

Nudeln werden etwas breiter geschnitten, in Salzwasser gekocht, abgeseiht und in eine Kasserolle gelegt, in welcher man Semmelbrösel in Fett geröstet hat.
Gut durcheinandermischen.

Semmelbröselknödel

50 g Fett oder Butter mit 2 Eiern gut vermengen, salzen, etwas Milch und soviel Semmelbrösel, daß ein mittelfester Teig wird.
Knödel wie ein Eidotter formen und 5–8 Minuten kochen.

Topfen-Knödel

50 Butter abrühren, Salz und 2 ganze Eier dazugeben. 1 Pfund zerdrückten Quark daruntermengen und soviel Semmelbrösel, daß man Knödel machen kann.
Es werden 6–7 Stück.
1/4 Stunde in Salzwasser kochen, halbieren, mit brauner Butter betropfen und mit gerösteten Semmelbröseln bestreuen.

Nudeln, Makkaroni

In Salzwasser kochen, abseihen, mit Fett mischen, damit sie nicht kleben.
Für alle Brühen verwendbar.
Mit Zucker bestreuen oder Reibkäse- oder mit Mohn als Süßspeise.

Makkaroni mit Paprika

1 Pfund Makkaroni in Salzwasser weichkochen. Feingehackte Zwiebel in Fett anlaufen lassen, mit Paprika bestreuen, die Makkaroni daruntermischen, darüber Reibkäse und im Rohr aufwärmen.
Verbessert wird mit 2 Eßlöffel Paradeismark.

Reis, gedünstet

Der gewaschene Reis kommt in ein Gefäß mit etwas klein geschnittener Zwiebel, 1–2 Nelken, wenig Salz und soviel Wasser, daß es zweimal soviel beträgt wie die Reismenge.
Zugedeckt im Rohr aufquellen lassen.

Grieß-Kartoffelknödel

1 kg gekochte kalte Kartoffeln (vom Vortag), 100 g Grieß, 70 g Kartoffelmehl, 20 g Mehl, 2 Eßlöffel Milch, Salz.
Die Kartoffeln reiben, alles mengen, 10 Knödel formen und 15 Minuten kochen lassen.

Maisgrieß-Polenta

Man gibt 250 g Maisgrieß in 1 1/4 Liter Salzwasser, das kochend sein muß, und rührt ihn solange, bis er sich vom Topf und Kochlöffel löst: etwa 1/2 Stunde.
Dann wird die Masse in eine mit Wasser ausgeschwenkte Form gedrückt, sofort gestürzt und als Polenta zu Gulasch, Beuschel und sonstigen Soßen gereicht.
Auch mit Butter oder Fett oder geröstetem Speck übergossen schmeckt Polenta gut.
Manche verwenden Polenta als Beigabe zu Obstsoßen von Pflaumen, Heidelbeeren usw.

Polentanockerln

Aus der wie oben gefertigten Polentamasse sticht man mit einem in heißes Wasser getauchten Eßlöffel Nockerln aus, legt sie auf eine Schüssel, bestreut sie mit 30 g geriebenem Topfen und betropft mit 30 g heißem Fett.
Zu Blattsalat und Gemüse sehr gut.

Wasserspatzen

1 Ei, 1/8 Liter Wasser, 1/2 Backpulver in 200 g Mehl untermischen und in die gut versprudelte, etwas gesalzene Flüssigkeit.
Kleine Teilchen abstechen und in kochendes Wasser fallen lassen.

VI

OCHSENAUGE UND SCHWAMMERLGULASCH

Eier- und Nachtmahlspeisen

Weichgekochte Eier

Eier, die weich bleiben sollen, werden 3 Minuten in kochendes Wasser gelegt; dann rasch in kaltes Wasser, damit sie nicht zu hart werden.

Hartgekochte Eier

10 Minuten in kochendes Wasser legen und dann in kaltes Wasser, damit sie sich besser abschälen lassen.

Rührei

In einer Kasserolle wird Fett oder Butter heiß gemacht.
Unterdessen verquirlt man Eier mit etwas Milch, Salz und Kümmel, gießt dies in das Fett und rührt nun solange, bis eine breiige Masse daraus wird.
Will man die Rühreier locker haben, so muß man sie früher von der Platte wegnehmen, denn sie sind bald fest. Einige Tropfen Würze dazu oder zur Abwechslung Schnittlauch oder Petersilie.

Rührei auf Speck

In einer Kasserolle läßt man würflig geschnittenen geselchten Speck zergehen und gießt die, wie vorher beschrieben, in Milch verrührten Eier darauf.

Rührei auf Zwiebel

In Fett mit feingeschnittener Zwiebel, die man goldgelb röstet, gießt man die Eier darauf, wie beim Rührei.

Gefüllte Eier

Hartgekochte Eier werden mit kaltem Wasser abgeschreckt.
Nachdem sie vollkommen kalt sind, der Länge nach halbieren und die Dotter herausnehmen.
Für jedes Ei 1 Teelöffel Mayonnaise; die Dotter damit durchrühren und die Eier wieder füllen.

Kalte Eiertunke mit gefüllten Eiern

6–8 Eier, hartgekocht, schneidet man in der Mitte durch.
Die Dotter werden fein zerdrückt und mit Essig und Öl verrührt, so daß eine ziemlich dicke Masse entsteht. Salz und feingestoßenen Pfeffer hinein und ziemlich lange zu schaumiger Masse rühren; zuletzt etwas Senf und 1/4 Liter zu Schnee geschlagenen Schmetten leicht darunter.
Nun gießt man diese dickliche Tunke in eine flache Schüssel.
Aus den Eiern, die man entweder der Länge oder der Quere nach durchgeschnitten hat, sind die Dotter entfernt: Das Eiweißschüsselchen wird in die Tunke gelegt, die Höhle mit folgender Fülle ausgefüllt:
Überbleibsel von Fleisch, Schweinefleisch oder Kalbfleisch, Selchfleisch oder Zunge, Huhn, Fisch werden mit dem Messer in Stückchen gehackt, eine feingehackte Sardelle, 1 Eßlöffel feingehackte Kapern, 1 Eßlöffel sauren Rahm, etwas Eiertunke, welche aus den Dottern bereitet wurde, etwas Senf, gestoßenen Pfeffer und Salz werden dazugegeben.
Alles gut durcheinandermengen und in die Eiweißschüsselchen füllen.

Ochsenauge

In eine Liwanzenform gibt man Fett; sobald es heiß ist, ein aufgeschlagenes Ei hinein, salzt den Dotter und läßt es backen. Man gibt es zu Rostbraten oder auf Spinat.

Falsche Spiegeleier

Man rührt weißes Kartoffelpürree mit wenig Milch oder Rahm an und drückt es in eine Spiegeleierform (Dalkenform), die man vorher ausgebuttert hat.
In der Mitte jeder Form macht man, mit einem eingefetteten Ei, eine Vertiefung, die ebenfalls mit Kartoffelpürree ausgefüllt wird, dem man jedoch statt Milch hellrotes Paradeismark und einige Tropfen Würze beigegeben hat, so daß das Ganze das Aussehen von Spiegeleiern hat.
Mit geriebenem Parmesan bestreuen.
Als Beilage zu allen Braten oder als Abendbrot verwendbar.

Eier und übriggebliebenes Rindfleisch

Man läßt gehackte Zwiebel in Butter gelb anlaufen.
Das gekochte Rindfleisch, in kleine Stückchen geschnitten, wird in dem Fett ein wenig angedünstet. Dann schlägt man noch einige Eier dazu.

Kartoffelsalat mit Würstchen

Aus frischgekochten warmen Kartoffeln schneidet man kleine Stückchen, nicht Scheiben, macht einen guten Weinessig und Wasser mit etwas Zucker an, salzt die Kartoffeln ein wenig und gießt den Essig und das Salatöl daran.
Gute Knackwürste, in Nudeln geschnitten, mischt man mit etwas feingeschnittener Zwiebel dazu.

Harte Eier mit Kren

Man kocht Eier hart. Sodann werden die Eier geschält, in Hälften geschnitten und auf eine flache Schüssel nebeneinander gelegt, gesalzen.
Auf jede Eihälfte wird ein Häufchen geriebener Kren gelegt und dann mit brauner, heißer Butter abgeschmalzen.

Eiercreme, sauer

Zum falschen Thunfisch, zur Hühnerpaste oder zu Fischsalat, russischem oder welschem Salat.
Für 1 Person rechnet man 1 Dotter.
80 g zerlassene Butter, 10 Löffel Fleischsuppe (besser ist Fischsuppe), 10 rohe Dotter, etwas Zucker, Salz und Weinessig, Zitronensaft nach Belieben und ein bißchen weißen Pfeffer; das stellt man in einem irdenen Topf auf den Ofen, rührt fleißig im Wasserbad, bis es dicklich ist; läßt es aber nicht kochen.
Dann stellt man den Topf weg und rührt die Masse, bis sie kalt ist.
1/3 Liter Schlagsahne steifschlagen und die gekochte, kalte Masse löffelweise dazu.
Zuletzt nach Bedarf Essig und Salz.

Pikante kalte Soße

Für 6 Personen.
Grüne frische Petersilie, ein Löffel Kapern und einige entgrätete Sardellen werden sehr fein gehackt, ebenso das Weiße eines hartgekochten Eies.
Das hartgekochte Eigelb zerdrückt man im Napf, fügt einige Löffel besten Speiseöls, nach Belieben guten Essig, etwas Salz und Pfeffer dazu, verrührt das Ganze mit dem Gehackten, schmeckt ab, gibt nach Bedarf noch etwas Fleischbrühe und einige Tropfen Würze dazu.
Die dickliche Soße eignet sich zu gekochtem Rindfleisch oder als Brotbelag.

Butteraufstrich auf Brot oder Semmel

1 Stück Butter wird verrührt, einige Tropfen Würze dazu, ein wenig Paprika und Salz, außerdem ganz wenig feingehackten Schnittlauch.

Schwammerl-Gulasch

Viel Zwiebel in Butter rösten, die gewaschenen Eierschwämme oder andere geschnittene Pilze darin mit wenig Wasser weichdünsten.
Kümmel, Salz, Paprika dazu und zuletzt Milch oder sauren Rahm einrühren.

Kleine Käsegerichte

Käse à la tatare

2–3 Ecken Streichkäse mit 2 Löffeln Milch oder Rahm abrühren. Paprika, kleingeschnittene Zwiebel und Gürkchen damit vermischen.
Es schmeckt würzig auf Toast, Weiß- oder Graubrot, zusammen mit gekochten Kartoffeln und Salat als Abendessen, oder zum Garnieren von Aufschnittplatten, Aspik oder harten Eiern und besonders als Füllung von Tomaten.

Heiße Käsebrote

Etwa 1 cm dick geschnittene Weißbrotscheiben auf einer Seite anrösten, die andere Seite mit Streichkäse bestreichen.
Im Ofen bei Oberhitze kurz überbacken.

Chesterschnitzel

Eine etwa 1/2 cm dick geschnittene Scheibe Chesterkäse mit Ei und Semmelbröseln panieren und in heißem Fett rasch herausbacken.
Man kann die Chesterscheiben auch in einem dicken Eierkuchenteig wenden und dann backen.
Mit frischem Salat zusammen ein köstliches Gericht.

Gefüllte Semmelpastetchen

3 Semmeln halbieren und aushöhlen.
200 g Hackfleisch, 1 Ei, Salz, 2 Eßlöffel Tomaten-Mark und das ausgehöhlte Brotinnere zu einem Teig mischen.
Die Semmeln damit füllen, obenauf eine Scheibe Käse mit Alpenkräutern legen und die gefüllten Semmelhälften 10 Minuten im vorgeheizten Ofen überbacken.

Rührei mit Parmesankäse

2 Eier, 2 Eßlöffel Wasser, Salz, gut verquirlen, in eine Kasserolle mit zerlassener Butter geben und, sobald die Masse zu stocken beginnt, mit einem Löffel nach der Mitte zu rühren.
Ehe das Ei ganz gestockt ist, geriebenen Parmesan darüberstreuen, zudecken, vom Ofen nehmen und noch eine Minute stehen lassen, damit das Aroma das Rührei durchzieht.

Gratinierte Nudeln

Gekochte, abgegossene Nudeln oder andere Teigwaren werden in eine gefettete Auflaufform geschichtet, kleine Flöckchen Streichkäse daraufgesetzt und dann überbacken: bis sich der Streichkäse zart auflöst.

Käse-Soße

1/8 l Milch erwärmen und Streichkäse, in kleine Stückchen zerteilt, dazu geben. Beides verrühren, bis sich die Käseflöckchen zu einer pikanten Soße verbunden haben.

VII

BABA NEBEN DEM SCHEITERHAUFEN

Mehlspeisen

Die sudetendeutsche Küche bezog sich nicht nur auf den Jahreslauf, sondern auch auf Feiertage des Kirchenjahres. So pflegte man an Fasttagen meist nur einen einfachen Speisezettel herzustellen: Man bereitete eine Suppe und eine süße Mehlspeise oder Kartoffelspeise.

Grießbrei und andere Breie

In die kochende Milch läßt man den Grieß ganz langsam unter ständigem Umrühren einlaufen, salzt etwas und rührt ihn dann noch 10 Minuten; bei größeren Mengen länger, damit er sich am Boden nicht anlegt.

Mancher süßt ihn dann gleich, andere reichen den Brei mit Butter und Zucker, auch Zimt oder Kakao oder mit geriebener Schokolade. Das gilt auch für den Reisbrei, Graupenbrei, Hirsebrei, Maisbrei: Die Zubereitung ist wie beim Grießbrei, nur werden diese vier Arten vorher mit etwas Wasser angekocht und dann erst wird Milch zugegossen und unter ständigem Rühren fertig weichgekocht.

Grießauflauf/Reisauflauf

In 1/2 Liter kochende Milch gießt man 25 g Grieß langsam ein, unter ständigem Umrühren, und salzt ein wenig.

Ist der Grieß aufgekocht, wird er von der Platte weggestellt.

Nun rührt man 100 g Butter mit 1–2 Dotter und 150 g Zucker tüchtig zusammen, gibt dann löffelweise den Grießbrei und den Schnee aus dem Eiweiß hinein, etwas Zitronenschale, füllt diese Masse in eine gut befettete Form und bäckt sie 1/2 bis 1 Stunde.

Man kann auch mit Marmelade oder Obst füllen.

Der Reisauflauf wird ebenso bereitet wie der Grießauflauf, nur muß der Reis vorher weichgekocht sein.

Tag-und-Nacht-Mehlspeise

Die Reismasse wird so zubereitet, wie die beim Grießauflauf. Eine Hälfte der Masse gibt man in die befettete Form, legt Apfelscheiben oder anderes Obst darauf. Nun gibt man die zweite Hälfte des Teiges darauf, unter die man etwas Kakao oder 2 geriebene Tafeln Schokolade verrührt hat.
Das Ganze wird als zweifarbige Speise gebacken und mit Zucker bestreut serviert.

Liwanzen

In 1 Liter Milch quirlt man 1 Ei, 20 g Hefe, 2 Eßlöffel Zucker, etwas Salz und zuletzt Mehl, so daß ein lockerer Tropfteig wird. Man läßt ihn 1 Stunde aufgehen. Nun befettet man die auf der Platte stehende heiße Form, gießt mit dem Schöpflöffel etwas Teig, in kleiner Form, und bäckt ihn rasch auf beiden Seiten; bestreicht dann mit heißem Fett, bestreut mit Zucker und Zimt oder gibt Marmelade oder Zwetschkenpowidel darauf und legt sie aufeinander.

Omeletten

In 1/2 Liter Milch 2 Dotter und etwas Salz einquirlen, 1/4 Backpulver, 2 Eischnee, 6 Eßlöffel Mehl, oder nach Bedarf etwas mehr.
Die Omelettenform wird auf die heiße Platte gestellt, mit Fett ausgeschmiert, der Teig ganz dünn hineingegossen, auf beiden Seiten gebacken und mit Fett bestrichen; mit Zucker und Zimt bestreut oder mit Marmelade oder Powidel bestrichen und zusammengerollt.
Zuletzt die gerollten Omeletten mit Zucker bestreuen.

Topfen-Omeletten, gebacken

Die Omeletten wie vorher gebacken; mit Topfenfülle und Rosinen bestrichen, eingerollt in eine befettete Pfanne nebeneinander gelegt und im Rohr gebacken.
Topfenfülle siehe bei Kuchen.

Semmelschmarren: Baba

6–8 Semmeln werden in Scheiben geschnitten, Äpfel geschält und ebenfalls in feine Scheiben geschnitten.
In eine befettete Kasserolle legt man eine Schicht Semmel, eine Schicht Äpfel, Semmel, Äpfel usw., bis oben Äpfel sind. Man quirlt 1/3 Liter Milch mit 3 Eßlöffeln Zucker, 1–2 Dottern oder ganzen Eiern und etwas Vanille oder Zitronenschale und gießt dieses über die Semmeln in die Kasserolle und bäckt es aus 1/2 bis 3/4 Stunde.

Knödel von Zwetschken, Kirschen oder anderem Obst

1/8 Liter laues Wasser mit 1 Ei und bißchen Salz gut verquirlen, Mehl darangeben, sodaß ein mittelfester Teig wird; auswalken, in Vierecke schneiden, die frischen oder ausgekochten gedörrten Zwetschken, Kirschen, Rhabarber, Heidelbeeren etc. in den Teig einwickeln und in kochendes Wasser werfen.
Sobald die Knödel schwimmen, mit einem Knödellöffel herausnehmen, damit kein Wasser mit in den Teller kommt.
Semmelbrösel, heiße Butter und geriebenen Käse (Topfen) darüber und zuletzt Zucker.
Die Kirschknödel werden ebenso gemacht; nur wickelt man 3–4 Stück Kirschen in den Teig ein.

Powidelknödel

Zwetschkenpowidel werden mit Zitronenschale, Zimt und Zucker gut verrührt.
Nur wenig Wasser daran, damit sie ziemlich fest bleiben.
Nun sticht man mit dem Kaffeelöffel zwetschkengroße Stücke ab, wickelt sie in die Teigvierecke ein, wie bei den Zwetschkenknödeln, und kocht sie.

Apfelstrudel von gezogenem Teig

Man macht auf dem Nudelbrett aus 350 g Mehl, einem Ei und einem nußgroßen Stückchen Fett oder Butter, bißchen Salz und etwas lau-

warmem Wasser einen weichen Teig, den man 10 Minuten auf das Nudelbrett aufschlägt.
Unter einer Kasserolle läßt man ihn 1 Stunde ruhen, dann auswalken auf einem reinen Tuch, mit Mehl bestreut, ausziehen und mit heißer Butter bespritzen.
Dann bestreut man ihn mit feingeschnittenen Apfelscheiben, bestreut diese mit Zucker und Zimt, Rosinen, mit in Butter gerösteten Semmelbröseln und rollt den Strudel zusammen; bestreicht ihn noch mit Butter und bäckt ihn in der Röhre.
Hernach in schmale Streifen schneiden und vor dem Essen reichlich bezuckern.

Apfelstrudel von Butterteig

Man macht den einfachen Butterteig (siehe dort), teilt ihn in 2 Teile für 2 Strudel wie vorher beschrieben; nur soll dieser Strudel nicht so dick sein.

Apfelstrudel, ausgiebig

300 g Mehl, 1 Backpulver, 100 g Butter, 60 g Zucker, 1 Ei, 1 Prise Salz, 8 Eßlöffel Milch oder Sahne zu einem Teig verarbeiten.
1 Stunde ruhen lassen.
Unterdessen schält man Äpfel und schneidet sie in Scheiben (geschält gewogen 1 kg), 100 g Rosinen, Zucker und Zimt, Zitronenschale nach Belieben.
Der Teig wird in 3 Teile geteilt, jeder Teil nacheinander ausgewalkt und eine Hälfte mit 1/3 der Äpfel bestreut, dann mit 1/3 der Rosinen, mit Zucker, Zimt und Zitronenschale. Die leere Teighälfte wird daraufgelegt und auf der Seite fest angedrückt.
So entstehen 3 Strudel, die auf ein befettetes Blech gelegt werden; mit Milch, Butter oder Ei bestreichen und backen.

Powidel-Taschen

300 g Mehl, 1 Ei, etwas Milch und Salz zu einem festen Teig verarbeiten.
Auswalken, Vierecke (10 x 10 cm) schneiden und mit Powidel bestreichen, über die Ecke zusammenlegen, sodaß Dreiecke und Vierecke daraus entstehen.

In siedendem Wasser kochen, bis sie schwimmen, was nur einige Minuten dauert.
Herausnehmen, mit Butter bestreichen und mit Zucker reichen, oder Zimt dazu, Brösel, Reibkäse, Mohn.

Scheiterhaufen

8 – 10 ältere Semmeln in Scheiben schneiden, ebenso Äpfel oder Birnen; anderes Obst kann ganz bleiben.
3/4 Liter Milch, 2 Eier, 100 g Zucker werden mit Vanille oder Zitronengeschmack gut verquirlt und über die Semmeln gegossen.
In eine befettete Form legt man zuerst Semmeln, dann abwechselnd Obst und Semmeln; zum Schluß Semmeln und die restliche Milch darüber gießen; obenauf Butterflocken.
3/4 Stunde im Rohr backen, dann mit Zucker reichen.

Mürber Apfelstrudel

400 g Mehl mit 1/2 Backpulver mischen, 200 g Fett, 110 g Zucker, 2 Eier, etwas Salz: alles zu einem Teig verarbeiten.
Den Teig legt man aufs Backblech, das befettet wurde.
Auf den Teig 750 g leicht geraspelte Äpfel, 100 g gewaschene Sultaninen, 70 g Zucker, etwas Nüsse und gestoßenen Zimt.

DUKATENBUCHTELN
Hefeteigspeisen

Hefeknödel, gefüllt

- Mit frischen oder gekochten Zwetschken,
- mit Rhabarberstückchen,
- mit Kirschen, Heidelbeeren, Johannisbeeren,
- mit Powidel (Pflaumenmus),
- mit beliebiger Marmelade.

Aus einfachem Hefeteig ohne Fett sticht man kleine Teile ab, zerdrückt sie etwas auf bemehltem Blech und legt die Fülle darauf, schließt sie und läßt sie eine Weile aufgehen.
Man wirft dann soviele in das siedende Wasser, daß sie nicht zu eng liegen, und läßt sie 3 Minuten kochen, dreht sie rasch um und kocht sie noch 3 Minuten.
Dann rasch herausnehmen und mit dem Federpinsel mit Butter bestreichen, damit sie nicht aufeinanderkleben.
Mit Butter und Zucker oder Brösel und Zucker, Mohn oder Reibkäse auftragen. Man kann auch Zuckerrübensaft darübergießen.

Belegte Dalken

Aus Hefeteig mit etwas Fett und Zucker macht man kleine runde Dalken, legt sie auf Blech, drückt sie flach und läßt sie etwas aufgehen; im Rohr nicht zu scharf backen, umdrehen und fertig backen.
Nach dem Backen mit Marmelade, Powidel oder Zucker und Zimt bestreuen, nachdem sie vorher leicht mit heißer Butter oder Fett bestrichen wurden.

Bauerndalken

Einfacher Hefeteig wird, wie vorher beschrieben, zu Dalken ausgebacken.
Nach dem Backen werden diese einzeln mit der Gabel angespießt und in ein bereitstehendes heißes Wasser rasch getaucht und dann in heißes Fett; hernach mit Powidel (Zwetschkenmus) belegt.

In der Mitte wird eine Grube gemacht und dann mit gesüßtem dickem Sauerschmetten (Rahm) betropft. Wird warm gegessen.

Dukatenbuchteln mit Milchcreme

Aus Hefeteig macht man haselnußgroße Stückchen, legt diese befettet in eine Form und bäckt sie licht aus.
Dann übergießt man sie mit Milchcreme: In 1/2 l Milch, 1 Dotter, 1/2 Puddingpulver, 2 Eßlöffel Zucker und etwas Vanille; das Ganze am Herd verquirlen, bis es dicklich ist; dann auf die am Teller gerichteten Buchteln gießen, die man aber auseinandergerissen hat.

Hefeknödel als Süßspeise

Hefeknödel werden, sobald sie aus dem Kochwasser kommen, mit gekochter Milch begossen, die etwas gesalzen ist (Sahne ist noch besser). Man kann die Milch auch süßen nach Belieben.
Warme Hefeknödel, in deren Teig man 1 Ei gegeben hat, sind flaumig, werden mit den Gabeln gerissen und in der Mitte mit Marmelade belegt, mit Butter betropft und mit Zucker bestreut.

Gugelhupf-Napfkuchen

Den einfachen oder besseren Teig verwendet man auch, um ihn in eine Gugelhupfform zu geben und darin aufgehen zu lassen.
Man bäckt ihn 1 Stunde.

Gefüllter Gugelhupf-Napfkuchen

Der Teig wird ausgewalkt; mit Mohn, Powidel oder Topfen, wie oben beschrieben, bestrichen und darin eingerollt.
In die befettete Gugelhupfform geben, aufgehen lassen; 1 Stunde backen.

Biskuit-Gugelhupf-Napfkuchen, marmoriert

Von 8 Eiern macht man eine Biskuitmasse (Bereitung siehe Torten). Man gibt einen Teil derselben in eine andere Schüssel, in welche dann noch 3 Rippen in der Röhre erweichte Schokolade kommen oder 3 Rippen geriebene Schokolade oder 1 Eßlöffel Kakao.

Nun wird die weiße Masse in die Form gegossen und dann erst die braune Schokoladenmasse darüber. Letztere sinkt unter, da sie durch die Schokolade schwerer geworden ist, und so entsteht eine zweifarbige Masse.

Gugelhupf, fein, mit Butter

In 560 g Mehl bröselt man 350 g Zucker, gibt 180 g Butter, 4 Dotter, einen Eßlöffel Schmetten, bißchen Salz, etwas Zitronenschale, 30 g Hefe, in etwas Milch aufgelöst, und 100 g Rosinen dazu.
Man schlägt den Teig gut ab, gibt ihn in eine gut befettete Gugelhupfform, läßt ihn aufgehen, bestreicht ihn mit Ei.
1 Stunde backen.

Gugelhupf ohne Hefe

50 g Butter und 20 g Schmalz mit 100 g Zucker: 1/4 Stunde gut abrühren.
2 – 3 Dotter, etwas warme Milch (10 – 15 Eßlöffel), Schnee von 2 – 3 Eiklar, 250 g Mehl, 1 ganzes Backpulver vermischen und das Ganze in befetteter Form backen.

Mürber Gugelhupf-Napfkuchen

500 g Mehl, 1 Vanille-Pudding, 2 Eier, 200 g Zucker, 125 g Butter, 1 Backpulver, 1/4 Liter Milch, Vanille, Zitrone.
Das Backpulver, Vanille und Pudding mit Mehl vermischen.
2 Eier mit Zucker und mit der Butter abrühren, nach und nach etwas Mehl und Milch dazu, zuletzt die Zitrone.
In gefetteter Form backen: fast 1 Stunde.
Will man marmorieren, so löst man etwas Kakao in lauwarmem Wasser auf.

Gugelhupf von Sandmasse

250 g Zucker mit 9 Dottern 1 Stunde rühren.
Dann von 6 Eiweiß den Schnee, von 1/2 Zitrone Saft und Schale, 15 g süße, 15 g bittere Mandeln, 155 g Kartoffelmehl.
In einer gut gefetteten Form backen.

VIII

SCHNEEKOPPENSTRIEZEL UND REICHENBERGER DOPPELKUCHEN

Hefegebäck

Hefeteigbereitung

Die Hefe wird in lauwarmer Flüssigkeit (Wasser, Milch) aufgelöst. In kalter Flüssigkeit geht sie nicht auf, in heißer wird sie verbrüht und geht auch nicht mehr auf.
Gibt man etwas Zucker zum Auflösen dazu, geht die Hefe rasch auf.
Bei einfachem Teig genügen 10 g Hefe auf 1 Pfund Mehl; je mehr Fettstoff, Zucker, Ei, Rosinen, Mandeln usw. in den Teig kommen, desto mehr Hefe ist für 1 Pfund Mehl nötig.
Herstellung für 1 Pfund Mehl:
In ein kleines Gefäß (Tasse, Tipfel) gießt man etwa 1/8 Liter lauwarme Milch (Wasser), gibt die Hefe hinein und rührt um: Da löst sie sich auf; quirlt dann 1 - 2 Eßlöffel Mehl dazu und läßt die Hefe aufgehen.
Oder man macht in dem Mehl in der Schüssel eine Vertiefung und gießt das Hefedampl hinein, das nun aufgeht. Ist es hoch aufgegangen oder zusammengefallen, wird der Teig fertig gemacht.
Man gibt 1/2 Kaffeelöffel Salz in das Dampl, etwa 1/4 Liter Flüssigkeit oder mehr und knetet nun mit dem Holzlöffel den Teig durch.
Kommt bei besserem Teig Fett dazu, so wird dieses etwas erweicht, damit es sich gut untermengt und wird erst dann zum Teig gegeben, bis das Mehl mit dem Zucker und der Flüssigkeit so ziemlich verrührt ist.
Bei solchem Teig ist dann weniger Flüssigkeit nötig.
Die gewaschenen Rosinen werden erst zuletzt leicht unter den Teig gemengt, weil sie sonst beim Abschlagen des Teiges ganz zerrisssen würden.
Wieviel Flüssigkeit nötig ist, richtet sich auch nach der Art des Mehles, glattes saugt weniger, griffiges mehr Flüssigkeit auf. Der Teig muß ziemlich fest bereitet werden für Knödel (Klöße), für Striezel und Gebäck, das frei aufs Blech gelegt wird.

Kommt der Teig in Formen, kann er lockerer sein, auch für Kuchen. Ist der Teig in der Schüssel tüchtig abgeschlagen worden, entsteht ein lockeres, gutes Gebäck.
Nun kann man mit dem Teig auf 2 Arten zum Backen herangehen. Den Teig gleich auf das bemehlte Brett, ihm die gewünschte Form geben und ihn am Backblech lassen, in der Backform aufgehen lassen und dann backen.
Der Teig wird mit der Schüssel in Ofennähe zum Aufgehen weggestellt, mit Mehl bestäubt, damit sich keine Hautkruste bildet und bei kühler Witterung wegen der Zugluft leicht mit einem Tuch zugedeckt. Das Aufgehen des Teiges kann bei größeren Mengen 1 bis 1 1/2 Stunden dauern. Falls der Teig zusammenfällt, schadet das nicht, sobald Mehl dazu geknetet wird, geht er wieder auf, nur auskühlen darf er nicht. Dann aber ist es Zeit zum Verarbeiten auf dem bemehlten Brett. Für Kleingebäck werden kleine Teilchen abgeschnitten, mit wenig Mehl gerollt, geformt und aufs befettete Blech gelegt.
Ein wenig aufgehen lassen, mit Milch, Fett oder Ei (in Milch verquirlt) bestreichen und sofort in gut geheizter Röhre backen.
Der Teig darf nicht zu hoch aufgegangen sein, wenn er ins Rohr kommt, da er anfangs auch im Rohr noch weiter aufgeht. Ist der Teig nämlich zu hoch aufgegangen, kann es sein, daß er im Rohr dann zusammenfällt und das Gebäck ist dann unansehnlich und nicht gut. Kleingebäck ist in 15–20 Minuten gebacken, Großgebäcke brauchen bis 1 Stunde. Für Großgebäcke wird der Teig mit etwas Mehl am Brett abgeknetet und geformt aufs Blech gelegt oder in die bestimmte befettete Form. Aufgehen lassen und weitere Behandlung wie bei Kleingebäck.
Für Kuchen walkt man den Teig aus, legt ihn auf das befettete Blech und drückt seitwärts den Rand etwas mit den Fingern ab. Dieser wird mit Milch oder Ei bestrichen und dann gibt man auf den Teig die hierzu bestimmte Auflage. Ist der Kuchenrand etwas aufgegangen, so schiebt man den Kuchen ins Rohr und bäckt ihn aus. Man achtet bei Kuchen auch darauf, ob er unten gebacken ist, indem man ihn mit dem Messer seitwärts etwas aufhebt: ob er gelbbraun gebacken ist.

Zwieback geröstet

70 g Butter mit 70 g Zucker flaumig rühren.
Schale von 1/2 Zitrone, 30 g Hefe, 1 Ei, 100 g geschälte, geriebene Mandeln, 420 g Mehl, etwas Milch (nur wenig, damit der Teig fest bleibt).
Gut abschlagen, 3 lange Rollen machen, gut aufgehen lassen, mit Eigelb bestreichen, in mittelheißer Röhre backen.
Nächsten Tag in Scheiben schneiden, in Vanillezucker eintauchen und nebeneinander auf das Backblech gelegt in mittelheißer offener Röhre trocknen; einmal wenden.

Kipfel mit Buttereinlage

Man nimmt etwas feinen Hefeteig und walkt ihn aus.
Vorher knetet man 120 g Butter mit 80 g Mehl in kaltem Raum gut durch und walkt es aus; damit den halben Hefeteig belegen, den restlichen Hefeteig darüber und ihn noch 4–5 mal zusammenschlagen.
Nun walkt man den Teig wieder aus, schneidet Dreiecke und rollt sie zu Kipfeln; legt sie auf ein Blech, läßt sie aufgehen, bestreicht sie mit Ei, bestreut sie mit Grobzucker und feingehackten Mandeln.

Kipfel, gefüllt

Bereitet man dieselbe Butterteigmasse wie vorher beschrieben, so kann man die Kipfel auch füllen: Mit Mohn, Topfen oder Powidel, nur muß letzteres etwas fester sein als zu Kuchen.
Auch Nußfülle ist möglich.

Mandel- oder Nußfülle

1. Art: Man kocht 140 g Zucker mit 10 Eßlöffel Wasser und gibt 200 g feingeriebene Nüsse und etwas Vanille hinein.
2. Art: 3 Dotter mit 140 g Zucker 1/4 Stunde lang abrühren, 140 g feingeriebene Nüsse und zuletzt den Schnee von 3 Eiklar. Vanillezucker dazu.
3. Art: 10 Eßlöffel süßen Rahm mit 3 Dottern gut abquirlen, 140 g Zukker, 140 g feingeriebene Mandeln, Vanillezucker dazu.

Hefeteig zu Knödeln

1 Pfund Mehl, 10 g Hefe, Milch oder Wasser, (Ei), Salz.
Der Teig muß fest gehalten sein.
Nach dem Aufgehen formt man kleinere oder größere Knödel, läßt sie etwas aufgehen und legt sie in kochendes Wasser ein, deckt zu und läßt sie 10 Minuten kochen, dann umdrehen und noch eine Weile kochen.
Große Knödel kocht man 20 Minuten, kleine 10–12 Minuten.
Nach dem Herausnehmen mit 2 Gabeln zerreißen oder mit einem Bindfaden zerschneiden: Nie mit dem Messer. Das muß rasch geschehen, sonst fallen die Knödel zusammen.
Die Knödel werden dann in eine Schüssel gelegt und mit einem sauberen Handtuch zugedeckt, damit der abgehende Dampf aufgefangen wird; dann erst den Deckel darauf, falls nicht gleich aufgetischt wird.

Hefeteig zu Buchteln

1 Löffel Zucker und etwas Fett; man macht den Teig mit Milch, 25 g Hefe auf 1 kg Mehl und etwas Salz, und bäckt nach 2 Stunden den mit Milch bestrichenen Teig aus.

Besserer Hefeteig

In eine Schüssel 1 kg Mehl.
In 1/4 Liter warmer Milch 30 g Hefe auflösen und Mehl dazu und aufgehen lassen.
Zur Teigbereitung gibt man 180 g Zucker, etwas Salz, Zitronenschale, 1 ganzes Ei und 2 Eßlöffel Butter (besser Schmalz), auf der Platte aufgelöst, warme Milch und alle Zutaten ins Mehl einkneten, gut abschlagen, Mehl darüber streuen und 1–1 1/2 Stunden gehen lassen.
Man benützt den Teig für allerlei Gebäck: Gefüllte Buchteln, kleine fingerlange Striezel, gefüllte Semmeln, Brezeln, Schnecken (gefüllt und ungefüllt) und geschlungene Kranzel.
Bevor der Teig in die Röhre kommt, mit Milch bestreichen.

Einfache, gute Krapfen

1 kg Mehl, 50 g Hefe, 100 g Butter, 2 – 3 Dotter, 120 g Zucker, 2 Eßlöffel Rum, Zitronenschale, Salz.

Bessere Krapfen

600 g Mehl, 35 g Hefe, 80 g Butter, 2 – 3 Dotter, 90 g Zucker, 2 Eßlöffel Rum, etwas Salz, Schale und Saft 1/2 Zitrone.

Feine Krapfen

850 g Mehl, 150 g Butter, 80 g Zucker, 6 Dotter und 50 g Hefe, dazu Rum und Zitronenschale.

Osterbrote

Zu diesen nimmt man Teig wie bei Striezeln: entweder den einfachen oder den feinen.

Für Feiertage

Weihnachtsstriezel

Auch hier ist es ratsam, eher zu viel Butter zu nehmen als zu wenig, damit ein mürber Striezel wird, der nach 8 Tagen noch gut schmeckt. Der Teig muß ziemlich fest eingemacht werden.
Sobald er aufgegangen ist, nimmt man für einen großen Striezel 2–3 Pfund Teig heraus auf das Nudelbrett, benützt aber nur wenig Mehl. Nun teilt man den Teig ab, je nachdem, wieviel Strähnen man zum Flechten braucht, walkt sie gut aus und flicht z. B. mit 3, 5 oder 7 Teilen, und legt unten einen Striezel mit 5 Teilen, obenauf mit 3 Teilen und dann 1 Teil.
Oder man flicht nur mit 5 oder 7 Teilen oder mit 4 Teilen je nach Belieben.
Sollten die Striezel schon aufgehen und die Röhre noch nicht frei sein, so stelle man sie an einen kalten Ort, sie gehen dann nicht weiter in die Höhe. Vor dem Backen bestreicht man sie mit Ei.

Striezel, gut

1 kg Mehl, 150 g Butter, 150 g Zucker, 3 Dotter, 45 g Hefe, Salz, Zitronenschale, Rosinen.

Butterstriezel, fein

1 kg Mehl, 250 g Butter, Salz, 5 Dotter, 250 g Zucker, 50 g Hefe, Zitronenschale, 100 g Rosinen, 100 g feingehackte, geschälte Mandeln oder 5 bittere geriebene Mandeln.

Schneekoppenstriezel

Wie feiner Striezelteig: Doch gibt man noch 100 g fein länglich geschnittenes Zitronat dazu und 100 g schwarze Rosinen, auch 50 g Pistazien, so daß ein buntes Gemisch darin ist.

Stollen

Guter Hefeteig wird auf dem Brett zu einem Laib geformt. In der Mitte mit dem Nudelwalker abgeteilt, die eine Hälfte etwas flach gewalkt und dann über den hohen Teil geschlagen, damit der Stollen eine Art Sprung hat.

Man nimmt dazu einfachen oder besseren Hefeteig, gibt auch Rosinen dazu.

Auch der Teig des Schneekoppenstriezels kann dazu Verwendung finden.

Wer den Stollen mit Mohn, Topfenfülle und dergleichen füllen will, legt die Massen auf den wie oben beschriebenen, ausgewalkten Teig, rollt ihn etwas ein und schlägt ihn über den hohen Teigteil.

Mit Milch oder Ei bestreichen und, wenn aufgegangen, backen.

Will man den Stollen mit Zuckermasse überziehen, so wird er nur mit Milch bestrichen.

Gleich nach dem Backen wird die Zuckerglasur rasch darübergestrichen und der Stollen noch für einige Minuten ins Rohr geschoben, damit der Zucker trocknen kann.

Noch besser schmeckt der Stollen mit Kakaoglasur.

Zuckerglasur: In 3 Eßlöffel Wasser (etwas Zitronensaft oder Rum, Arrak) gibt man 200 bis 250 g durchgesiebten Staubzucker und rührt fleißig um, bis die Glasur dickflüssig und glänzend ist, wie sie dann auf den Stollen gestrichen wird.

Kakaoglasur erhält man durch Unterrühren von 1 Eßlöffel Kakao.

Im Backrohr einige Minuten trocknen lassen.

Faschingskrapfen

Das Mehl anwärmen, das Nudelbrett warm halten, das Brett, auf welchem die Krapfen aufgehen sollen, ebenfalls anwärmen.

In der Küche muß es warm sein.

Kein Eiweiß in den Teig geben.

Zum Backen halb Fett, halb weißes Naturfett verwenden oder Öl.

Sobald die Krapfen aufgegangen sind und ins heiße Fett gelegt werden, mit einem Deckel zudecken, damit sie aufgehen, sobald sie gewendet sind, nicht mehr zudecken.

Nach dem Backen gleich mit Zucker bestreuen, damit er haften bleibt.

Reichenberger Doppelkuchen

Auf die erste Kuchenschicht streicht man z.B. Powidel, dann eine Schicht Teig darüber und obenauf Käse; oder unten Mohn, oben Käse; oder unten Käse, oben Mohn, unten Käse oben Powidel usw.

Besserer Kuchenteig

Zu 1 kg Mehl 180 g Zucker, 200 g Schmalz, 35 g Hefe, Zitronenschale von 1/2 Zitrone, 3 Dotter.
Unterschiedliche Zubereitung der Fülle für Buchteln oder der Oberschicht für Kuchen:
Mit Mohn: Dieser wird gemahlen oder gequetscht. In einer Kasserolle wird Milch gekocht und in diese gießt man den Mohn ein und läßt ihn 1/4 Stunde unter öfterem Rühren aufkochen.
Nur beachte man, daß er nicht zu fest oder zu locker wird, was man mit Milchzugießen reguliert.
In den ausgekühlten Mohn gibt man gestoßenen Zimt, Zucker und Zitronenschale.
Topfen-Quark-Fülle: Zum Topfen, der meist weich ist, gibt man 1 Ei, etwas Zucker, Salz, Zitronenschale (sehr feinen Geschmack geben 2–3 bittere Mandeln). Ist der Topfen zu weich, so drückt man die Milke durch ein sauberes Tuch ab und kann zur Verfeinerung etwas weiche Butter daran geben.
Auf den Topfenkuchen streut man gewaschene Rosinen.
Soll der Topfen sehr fest sein, so kann man Grieß beimengen, der durch Aufquellen festigt.
Powidel (Zwetschken): Diese wird mit wenig Wasser aufgeweicht; nun gibt man Zucker, Zimt, Zitronenschale, gestoßene Nelken dazu und steckt als Zierde feingehackte, geschälte Mandeln darüber.
Gekochte Zwetschken: Gedörrte Zwetschken werden gut gewaschen, mit kaltem Wasser zugesetzt und weichgekocht; zuletzt läßt man das Wasser ziemlich einkochen.
Nun werden die Zwetschken abgeseiht, die Kerne entfernt und die Zwetschken fein gehackt, mit Zimt, Zucker, Nelken, Zitronenschale vermengt und nach Bedarf mit etwas Zwetschkensaft versetzt. Man streut länglich geschnittene, geschälte Mandeln darüber.
Streusel: 1 Teil Mehl, 1 Teil Zucker, 1 Teil Butter wird in kaltem Raum fein gebröselt.

Nun läßt man den Kuchenteig auf dem Blech aufgehen, bestreicht den Rand mit Ei und streicht Marmelade auf den Teig, streut dann den Streusel darauf und bäckt den Kuchen rasch in heißer Röhre.

Quarkkuchen

200 g Mehl, 60 g Butter, 60 g Zucker, 1 Dotter, Zitronenschale, 4 Eßlöffel Milch und 1/2 Backpulver: Zu einem Teig verarbeiten und im Tortenblech backen.
Wenn der Kuchen noch nicht ganz fertig gebacken ist, wird er mit Quark (250 g, 1 Dotter, 60 g Zucker) bestrichen und nochmals gebakken, dann erst kommt der mit 100 g Zucker vermischte Schnee von 2 Eiweiß darauf.
Der Kuchen kommt nun noch eine Weile in die Röhre.
Statt der Quarkfülle kann man den Kuchen mit Marmelade bestreichen.

Zimtkuchen

Der Teig für ein Backblech wird 1 cm hoch aufs Brett gelegt, mit Butter bestrichen, reichlich gestoßener Zucker und Zimt darauf gestreut, und sobald er gegangen ist, ausgebacken.

Zimtrollbuchte

Der Teig für ein Backblech wird dünn ausgewalkt.
Nun läßt man 50 g Butter zergehen, streicht sie auf den Teig, streut reichlich gestoßenen Zucker und Zimt darauf und rollt den Teig zusammen, legt die Rollen auf das befettete Backblech, bestreicht den Teig mit Ei und bäckt ihn nach dem Aufgehen aus.

KOKOSBUSSERLN UND KARLSBADER RINGERLN

Kleines Süßteig-Gebäck

Süßteigbereitung

Wenn in den Rezepten Butter angegeben ist, so ist damit nicht gesagt, daß nur mit Butter ein gutes Gebäck gelingt. Auch die anderen Fettstoffe, wie Margarine, Schmalz, Schweinefett, Naturfett und Öl können bei manchem Gebäck Verwendung finden.
Ebenso ist es mit der Sahne: Milch kann diese ersetzen.
Das Backpulver oder Hirschhornsalz sollte stets fein unter das Mehl verteilt werden und nicht mit der Flüssigkeit direkt in Berührung kommen.
Es ist nicht immer nötig, die angegebenen Zutaten in voller Höhe zu verwenden, häufig kommt man mit weniger aus. Dies richtet sich nach Größe der Formen und Bleche, bei Kleingebäck nach der erforderlichen Menge.

Karlsbader Keks

4 ganze Eier mit 750 g Mehl, 140 g Butter, 250 g Zucker und 1 Päckchen Backpulver werden auf dem Nudelbrett zu einem festen Teig durchgeknetet, ausgewalkt, in Formen ausgestochen und auf gefettetem Blech licht gebacken.
Das fertige Gebäck kann mit Zucker- oder Schokoladenguß, auch mit farbiger Glasur verziert werden.

Marienbader Keks

1150 g Mehl, 500 g Zucker, 5 ganze Eier, 120 g Butter, 1/4 Liter sauren Rahm, 1 1/2 Päckchen Backpulver, etwas Vanillezucker oder Zitronenschale werden auf dem Nudelbrett gut durchgeknetet.
Vor dem Ausrollen teilt man die Masse in kleinere Portionen, walkt jede für sich aus, sticht Formen aus und bäckt auf gefettetem Blech.
Wenn die Kekse einige Tage liegen, sind sie weich.

Franzensbader Stefaniekeks

280 g Mehl, 160 g Kartoffelmehl oder 3 Päckchen Puddingpulver, 60 g Butter, 100 g Zucker, 1 Päckchen Backpulver, 7 Eßlöffel sauren Rahm (im Notfalle Milch) gut vermengen, ausrollen; Formen ausstechen und licht backen.
Für Figuren geeignet, wie Hasen, Schneemänner usw.

Mürbteig für Kleingebäck

300 g Mehl, 30 g Butter, 80 g Zucker, 1 Päckchen Backpulver, 5 Eßlöffel Milch und Aroma: Zubereitung wie Keks.

Teestangen

280 g Mehl, 100 g Butter, 6 Eßlöffel Milch, 1 Ei, etwas Salz, 1 Päckchen Backpulver (ohne Zucker!) auf dem Nudelbrett gut durchkneten, fingerlange Stangen walken, auf ein gefettetes Blech legen, mit Dotter bestreichen, mit Kümmel bestreuen, licht backen.

Kartoffelhörnchen

Aus 1/2 kg gekochten, geriebenen Kartoffeln, 2 Tassen Mehl, 1 Tasse Zucker, etwas Milch und Aroma, ferner etwas Natron oder Backpulver einen festen Teig machen, ausrollen.
In Vierecke schneiden und Hörnchen formen.

Haferflockenbusserln-Makronen

120 g Haferflocken, 150 g Mehl, 40 g Fett, 80 g Zucker, 1 Ei, 1/2 Päckchen Vanillinzucker, 4 Eßlöffel Milch auf dem Brett vermengen: Kleine Häufchen auf ein gefettetes Blech setzen und licht backen.

Haselnußbusserln-Makronen

In den festen Schnee von 2 Eiweiß 210 g Zucker, 210 g feingeriebene Haselnüsse gut einmengen.
Mit dem Löffel kleine Häufchen auf ein gut gefettetes Blech setzen, oder auf Oblaten, und lichtgelb backen.

Kleines Christbaumgebäck

Aus 370 g feinem Weizenmehl, 125 g Butter, 200 g Zucker, 2 Dottern, etwas Zimt, 1 Päckchen Backpulver einen glatten Teig bereiten, der sich auswalken läßt.
Man läßt ihn einige Stunden an kaltem Ort stehen, rollt ihn dünn aus, sticht Figuren aus, die mit Eidotter bestrichen und grobem Zucker bestreut werden.
Bei nicht zu starker Hitze backen.

Vanillekipfel ohne Ei

Auf dem Nudelbrett werden gut vermengt: 250 g Mehl, 210 g Butter, 100 g feingeriebene Haselnüsse oder Mandeln, 70 g Zucker.
Man schneidet walnußgroße Stückchen aus, walkt sie aus, macht runde Kipfel daraus, die licht gebacken und danach in Vanillezucker gewälzt werden.

Vanillekipfel ohne Mandeln

500 g Mehl, 250 g Butter, 200 g Zucker, 2 Eier, etwas Salz, Saft einer halben Zitrone, abgeriebene Zitronenschale gut durchkneten, Kipfel formen, backen und zuletzt in Vanillinzucker wälzen.

Vanillekipfel mit Mehl und Mandeln

120 g Mehl, 200 g Butter, 70 g Zucker, 100 g geriebene (vorher gebrühte und abgezogene) Mandeln untereinandermengen, Kipfel formen, licht backen und noch warm in Vanillinzucker wälzen.

Lomnitzer-Ringel

250 g Butter mit 5 Dotter vermengen; von 50 g Hefe mit 5 Eßlöffel Milch einen Dampl machen; dann einen Teig bereiten mit 300 g Mehl, 120 g feingeriebenen Mandeln und 1 Messerspitze Salz, etwas Zucker, wenig Milch; den Teig aufgehen lassen.
Man formt Ringe oder Brezeln daraus, bäckt sie licht, bestreicht danach mit lauwarmem Wasser und wälzt in Staubzucker, dem man ein Päckchen Vanillin-Zucker beigefügt hat.
In geschlossener Dose lange mürbe und haltbar.

Haferflockengebäck

250 g Haferflocken in 100 g Butter rösten, 250 g Mehl, 2 Eier, 150 g Zucker, 1 Eßlöffel Kakao, 1 Päckchen Backpulver dazugeben; Häufchen auf ein gefettetes Blech setzen und licht backen.

Lichtes Spritzgebäck

600 g Mehl, 125 g Butter, 250 g Zucker, 3 Eier, Backpulver, 1 Eßlöffel Rum (Aroma), Zitronenschale zu einem glatten Teig verarbeiten und kaltstellen, damit er fest wird.
Dann treibt man ihn durch die Fleischmaschine, in die man statt des Messers und des Siebes ein Blech mit der Sternenfigur eingesetzt hat. Die herauskommenden Würstchen mit der Schere bei 15 - 20 cm Länge abschneiden und auf gefettetem Blech zu Ringen, Fragezeichen, Ziffern und dergleichen formen; ganz licht backen.

Reichenberger Pumpernickel

300 g Mehl, 120 g Zucker, 2 Eier, 2 Eßlöffel Sirup oder Honig, 1/2 Päckchen Backpulver, 1/2 Eßlöffel Kakao oder 1 Rippe Schokolade, 3 gestoßene Nelken, Neugewürz, etwas Ingwer: alles auf dem Nudelbrett gut durchkneten, auf ein gefettetes Blech streichen und licht backen.
Die Masse muß hoch aufgehen; sobald sie gebacken ist, rasch mit Zuckerlösung bestreichen und noch einige Minuten in die Röhre geben, damit sie weißkrustig wird.
Noch heiß mit scharfem Messer in Vierecke schneiden.
Zuckerlösung: 60 g Zucker mit 2 Löffeln Wasser 5 Minuten kochen lassen und mit dem Federpinsel aufstreichen.

Feiner Pumpernickel

100 g geriebene Schokolade, 100 g Butter, 100 g Zucker, 2 ganze Eier, 1 Messerspitze Nelken, Zimt, Zitronenschale, 100 g geriebene Mandeln oder Nüsse, 150 g Mehl, 1/2 Päckchen Backpulver auf dem Nudelbrett

gut vermengen und auf ein gefettetes Blech streichen, licht backen und, wie vorher beschrieben, mit der Zuckerlösung bestreichen. Nach dem Backen sofort in Vierecke schneiden oder mit runder Form Kuchen ausstechen.

Heinele-Schnitten

250 g Schokoladenpulver, 250 g Puderzucker, 250 g Palmin, 4 Eier, 2 Päckchen Vanillinzucker, 12 große Oblaten.
Palmin und Zucker auf dem Feuer zergehen lassen, Schokoladepulver und Vanillinzucker dazugeben und fleißig umrühren.
Nun die Eier dazu und bis zum Kochen rühren.
Vom Feuer wegnehmen und im warmen Wasserbad stehen lassen.
Die Oblaten bestreichen, eine auf die andere bestrichene legen, zuletzt eine Oblate.
Drei Tage im Kalten stehen lassen, möglichst etwas pressen.
Dann mit scharfem Messer in schiefe Vierecke schneiden, die Längsseite etwa 2 1/2 cm, die Breitseite 1 1/2 cm.
Nur in kalter Jahreszeit zubereiten.
In Dosen länger haltbar.

Fragezeichen

100 g Butter, 300 g Mehl, 8 Eßlöffel Milch, 100 g Zucker, 1/2 Päckchen Backpulver und etwas Vanillinzucker gut vermengen: Fragezeichen formen und backen.

Hradzener Kokosnußkipfel

150 g gesiebten Staubzucker mit 2 ganzen Eiern, der abgeriebenen Schale einer Zitrone 20 Minuten schneeig rühren.
Nun gibt man 80 g zerlassene Butter, 100 g Kokosmehl, 100 g Weizenmehl und 1/2 Päckchen Backpulver dazu, so daß eine dicke Masse entsteht, formt fingerdicke Rollen auf nicht bestaubtem Nudelbrett, taucht sie in Kokosmehl, legt sie auf ein gut gefettetes Blech und läßt sie über Nacht stehen.
Am nächsten Tag bäckt man sie bei gelindem Feuer licht in der Röhre: Ergibt etwa 50 Stück.

Schüttarschen-Schnitten mit Rhabarber

Man gibt aufs Nudelbrett 140 g Mehl, 140 g Butter, ein wenig kaltes Wasser, Salz und 1 Eigelb und stellt einen Teig her, den man in zwei Hälften teilt.

Die eine walkt man aus, legt den Teig auf ein gefettetes Blech, gibt gekochten oder frisch gedünsteten Rhabarber darauf und überdeckt ihn mit der anderen Teighälfte. Dann mit Eiweiß bestreichen, backen und noch mit Vanillinzucker bestreuen.

Kuttenplaner Brezeln

160 g Mehl, 120 g Butter, 60 g Zucker, Zitronenschale, Vanillinzucker, 1 Dotter: Fest kneten, Brezeln formen, mit Eiweiß bestreichen und mit geriebenen Nüssen bestreuen.

Einfacher Lebkuchen

350 g Mehl, 120 g Zucker, 2 Eßlöffel Honig, 1/2 Päckchen Backpulver, 2 ganze Eier, 1 Messerspitze gestoßenen Zimt, Nelken, Neugewürz, 5 Eßlöffel Milch: Gut durchkneten, auswalken, Formen ausstechen, mit Zuckerwasser bestreichen und backen.

Bärenpratzen

180 g Mehl, 140 g Butter, 110 g Zucker, 70 g süße Mandeln, mit der Schale fein gerieben, etwas Zimt und Nelken, gestoßene, Zitronenschale: Alles mengen und in Formen backen.

Kleine Bäckerei

140 g Mehl, 140 g Zucker, 140 g Butter, 100 g geriebene Mandeln, 1 ganzes Ei und 2 Dotter: Durchkneten, ausstechen, backen und mit Vanillinzucker bestreuen.

Damenkrapferln

210 g Butter mit 100 g Zucker verrühren, 2 Dotter, 280 g Mehl: Daraus Kugeln formen, auf dem Blech backen, dann mit Zucker bestreuen.

Kleine Bäckereien

110 g Butter, 450 g Mehl, 2 Dotter, 450 g Zucker: Durchkneten, auswalken, beliebige Formen ausstechen und backen.

Bäckerei zum Tee

3 Eidotter, 3 eischwer Zucker, 3 eischwer Mehl; den Schnee von 3 Eiweiß untereinandermengen: Auf ein Blech streichen, backen, dann zerschneiden.

Schokoladenkränzchen

125 g Zucker, 250 g geriebene Mandeln, 4 Rippen Schokolade, 2 kleine Eier und etwas Semmelbrösel: Kränzchen formen und backen.

Kartengebäck

400 g Mehl, 250 g Zucker, 125 g Butter, 4 Eier, 1 Messerspitze Ingwer, etwas Zimt und Nelken: Kneten, Karten schneiden, mit halben abgezogenen Mandeln belegen, mit Eiweiß bestreichen und backen.

Mandelkipferln

110 g geschälte, geriebene Mandeln, 210 g Butter, 2 Eßlöffel Zucker, 2 Dotter, 280 g Mehl: 2 Stunden ruhen lassen, Kipfel formen und bakken.

Wiener Brezeln

180 g Mehl, 180 g Butter, 90 g Zucker, 90 g Schokolade (in der Röhre erweicht): Zu einem Teig kneten, Brezeln formen und backen.

Schaumbäckerei

In den festgeschlagenen Schnee von 3 Eiklar gibt man 210 g feingesiebten Staubzucker und formt kleine Häufchen auf ein gefettetes Blech, bäckt sie langsam in mäßig heißer Röhre: Wie das nächste Rezept im Wasserbad.

Schaumbäckerei, im Wasserbad vorbereitet

Eiklar werden in einem Emailtopf, der in einer Kasserolle mit ziemlich heißem Wasser steht, mit 420 g Zucker zu Schnee geschlagen und dann noch in kaltem Raum ohne Wasser weiter geschlagen, bis der Schnee fest ist.
Davon werden kleine Häufchen auf ein gefettetes Blech gegeben und langsam gebacken.

Lebkücheln von Linzerteig

125 g Zucker, 250 g Butter, 375 g Mehl, 6 hartgekochte Eidotter: Zusammenkneten und auswalken – Formen ausstechen.

Wiener Tascherln

420 g Mehl aufs Brett, 140 g Zucker, 4 Dotter: Durchkneten, auswalken, Dreiecke schneiden; eine Fülle in die Mitte, die Ecken gegen die Mitte einschlagen.

Eis-Schokolade mit Palmin

1 Pfund Palmin über Wasserdampf schmelzen, sahnig rühren, 200 g Kakao, 1 Päckchen Vanillinzucker, 30 g abgezogene, geriebene Mandeln.
Die Masse in kleine ausgefettete Formen füllen und kalt stellen, dann stürzen.
Nur in kalter Jahreszeit herstellbar.

Karlsbader Ringerln

160 g Butter mit 80 g Zucker, 6 gekochte Dotter fein zerdrückt, 240 g Mehl, Schale einer halben Zitrone, feingehackt, durchkneten: 1/2 Stunde ruhen lassen.
Man macht Ringerl daraus und bäckt sie.

Auherzener Rumbäckerei

600 g Mehl, 240 g Butter, 240 g Zucker, 1 Ei, 4 Eßlöffel Rum: Auf dem Nudelbrett kneten, runde Formen ausstechen, davon einige mit Fingerhut durchlöchern, und backen.
Eine Form wird mit Marmelade bestrichen, die durchlochte draufgelegt und mit Zucker bestreut.

Hradzener Muscheln

200 g Mehl mit 1 Ei, 120 g Zucker, 2 Rippen Schokolade, 140 g Zucker, 1 Messerspitze Nelken und Zimt, gut durchkneten: In eine Muschelform drücken und backen.

Feine Muscheln

Wie oben beschrieben: Nur anstatt 200 g Mehl nur 100 g Mehl und 100 g Nüsse verwenden.

Kleine Linzerkuchen mit Kranzeln

100 g Butter, 140 g Mehl, 2 zerdrückte hartgekochte Eier, 1 Eßlöffel Zucker, Schale und Saft von 1/2 Zitrone, 30 g geriebene Haselnüsse, auf dem Brett gut kneten: Auswalken, runde Formen ausstechen, ein rundes Kranzel darauf, mit Dotter bestreichen, lichtgelb backen; mit Zucker bestreuen, in die Rundung oben Marmelade.

Zimtsterne

In den festen Schnee von 3 Eiklar 210 g Zucker so lange schlagen, bis er, in warmem Wasser stehend, fest ist; 280 g geriebene Haselnüsse, 1 Eßlöffel gestoßenen Zimt dazu.

Kokosbusserln-Makronen

In den festen Schnee von 3 Eiklar gibt man 210 g feingesiebten Staubzucker, 210 g Kokosmehl: Sticht mit dem Kaffeelöffel kleine Portionen ab und formt kleine Häufchen auf dem gefetteten Blech und bäckt sie ziemlich rasch lichtgelb in der Röhre.

MILLIONENGEBÄCK UND MANDELBÖGEN

Gebäck mit Hirschhornsalz

Pumpernickel

Man kocht 1 kg Sirup mit 1/2 Liter Wasser einige Minuten, gibt 1 kg Weizenmehl dazu, verrührt es gut und stellt den Teig zum Abkühlen weg.
Nach dem Erkalten gibt man 2 Dotter, 30 g Ammonium, gestoßenen Zimt, Nelken, 50 g Fett und noch 1/2 bis 1 kg Mehl dazu, mengt alles gut durcheinander, walkt den Teig aus, sticht Formen aus und legt sie auf ein gefettetes Blech.
Nun bäckt man den Pumpernickel gut aus und bestreicht ihn zuletzt mit einer starkern Zuckerlösung (60 g Zucker mit 2 Eßlöffel Wasser eine Weile kochen lassen).
Nun gibt man das fertige Gebäck noch eine halbe Minute in die Röhre, damit der Zucker weiß wird.

Millionengebäck, lichtgelb

6 Dotter mit 500 g Zucker gut abrühren (1/2 Stunde), dann 30 g Ammonium, 1 Päckchen Vanillinzucker, 1 Eigelb, 1 kg Mehl, 1/8 Liter süßen Rahm, den Schnee von 6 Eiweiß gut durcheinandermengen, 2 Stunden rasten lassen. Dann Mehl nach Bedarf zugeben, bis ein festerer Teig wird, der sich auswalken läßt. Formen ausstechen, auf befettetem Blech lichtgelb backen. (Sehr ergiebig für Kinderfeste).

Millionengebäck, lichtbraun

Die Masse zu diesem Gebäck wird schon 24 Stunden vor dem Backen zubereitet. 1/2 Liter Milch, 2 Eigelb, 500 g Staubzucker gut quirlen, 20 g Ammonium und etwa 500 g Mehl dazu, das Ganze 24 Stunden rasten lassen. Am andern Tag soviel Mehl dazugeben, daß ein ziemlich fester Teig wird. Man teilt den Teig in 8 Teile, walkt jeden aus, sticht Formen aus und bäckt sie auf gefettetem Blech licht. Man kann diese Bäckerei, die sehr viel ausgibt, auch bemalen.

Sudetendeutscher Lebkuchen

600 g Mehl, 250 g Zucker, 2 Eier, 30 g Butter, 10 Eßlöffel Milch, 1/2 Tasse Sirup (Saft von Zuckerrüben) oder 250 g Honigbutter, 15 g Hirschhornsalz, Zimt, Nelken, Zitronenschale oder gutes Pumpernikkelgewürz; abends den Teig bereiten, anderntags auf ein befettetes Blech streichen und backen. Nach dem Backen noch warm in Stücke schneiden. Kann auch mit Zucker bekrustet werden.

Mandelbögen

3 Eiklar zu festem Schnee schlagen, dazu 100 g feinen Puderzucker und 100 g geschälte geriebene Mandeln, von einer halben Zitrone die geriebene Schale und noch 30 g abgezogene, in Streifen dünn geschnittene Mandeln und 1 Löffel Reismehl dazutun. Auf ein Blech legt man Oblaten und bestreicht diese messerrückendick und bäckt sie halb fertig, schneidet dann in Streifen und bäckt fertig. Sobald die Streifen gebacken sind, legt man sie rasch auf das vorbereitete Bogenblech; sollten sie zu hart sein, noch einen Moment ins Rohr. Man verwendet diese zur Herstellung von Tortenkronen.

Ammoniumgebäck

500 g Mehl, 50 g Butter, 50 g Zucker, 1 Ei, 1/2 Kaffeelöffel Ammonium (Hirschhornsalz), etws kalte Milch, Geschmackzusatz. Einige Stunden vor dem Backen den Teig bereiten. Aus dem Teig Formen ausstechen.

OLGASCHNITTEN UND BISCHOFSBROT

Anderes Gebäck

Einfacher Butterteig

280 g Mehl in zwei Teile teilen.
Mit einem Teil und 280 g Butter an kühlem Ort festen Teig kneten, in ein kaltes, nasses Tuch einschlagen und an einen kühlen Ort stellen.
Der 2. Teil Mehl wird mit 2 Dottern, 1/2 Eßlöffel Zitronensaft oder Essig, 1 Messerspitze Salz, 6 Eßlöffeln Wasser mittels eines Messers zu einem Teig verarbeitet und tüchtig geschlagen, dann etwas Mehl dazugegeben, damit er sich auswalken läßt.
Auch die Buttermasse wird nun ausgewalkt, auf den Eierteig gelegt, einigemal zusammengelegt, in ein nasses Tuch gehüllt und 12 Stunden über Nacht an kühlem Ort aufbewahrt.
Dann walkt man die Hälfte des Teiges etwas aus und schlägt nun mit dem Nudelwalker darauf, ohne weiter zu walken, so daß der Teig auch auseinandergeht; schlägt ihn noch viermal zusammen, walkt ihn endlich dünn oder dick aus, je nachdem wie man ihn braucht, und verwendet ihn zu Cremerollen oder Apfelschnitten.

Feiner Butterteig

180 g Mehl werden mit 6–8 Eßlöffeln Schmetten, 2 Dottern, etwas Zucker und Salz zu einem zähen Teig angemacht und fest angeschlagen, am besten mit dem Kochlöffel in einer Schüssel.
280 g Butter, in Scheiben geschnitten, werden in 100 g Mehl getaucht, auf einen Teller gelegt und kühl gestellt.
Nach 2 Stunden wird der Eierteig auf dem Nudelbrett ausgewalkt, die Butterblättchen daraufgelegt und beide 4–6 mal überschlagen und ausgewalkt.

Cremekuchen

70 g Schmalz und 70 g Butter werden mit 80 g Zucker und 2 Dottern abgerührt.
200 g Mehl dazu, das Ganze in eine Form gedrückt und gebacken. Erkaltet wird der Kuchen mit Eingesottenem (Eingemachten) und dem Schnee von 2 Eiklar und 2 Eßlöffel feingesiebtem Staubzucker bestrichen und in der Röhre lichtgelb gebacken.

Cremerollen

Der einfache oder feine Butterteig wird zubereitet.
Nun wird ein Teil des Teiges dünn ausgewalkt, in 30 cm lange und 3 cm breite Streifen geschnitten; diese werden am Rande der einen Längsseite mit Eiweiß bestrichen, damit sie beim Aufrollen kleben. Nun nimmt man Blechformen und wickelt den Teig herum, aber so, daß man am breiten Ende beginnt und gegen das schmale Ende windet.
Die umhüllten Formen legt man auf ein geschmiertes Blech, bestreicht die Rollen oben mit Dotter (in Milch verquirlt) und bäckt sie rasch in heißer Röhre. (In warmer Röhre gebacken würde die Butter aufweichen und abfließen.)
Sind die Rollen ausgekühlt, füllt man sie mit Schlagsahne: Auf 15 Stück braucht man 1/4 Liter guten Schlagschmetten; gibt 100 g feingesiebten Zucker und etwas Vanille dazu.
Andere Fülle: Eischnee – In 6 Eiweiß, in kaltem Raum geschlagen, läßt man langsam gesponnenen Zucker einlaufen unter fortwährendem Schlagen. 240 g Zucker werden in 3 Eßlöffel Wasser eingekocht; nur muß man acht geben, daß der Zucker nicht zu stark einkocht. Oder man bereitet diese Schneemasse so wie bei der Schaumbäckerei in warmem Wasser.

Wiener Butterteig

Man macht von 250 g Mehl, 1 ganzen Ei, 2 Dottern, dem Saft 1 Zitrone, bißchen Salz, Rum, Essig und 1/8 Liter Weißwein einen Strudelteig; knetet dann 250 g Mehl und 250 g Butter ab, walkt den Strudelteig aus – und halb so groß den Buttermehlteig; legt ihn auf den Strudel-

teig und schlägt ihn einigemal zusammen, läßt ihn 2 Stunden ruhen. Nun walkt man den Teig noch dreimal auseinander oder schlägt ihn mit dem Nudelwalker auseinander und wieder zusammen.
Zuletzt einen Teil auswalken und in Streifen schneiden, die 30 mal 3 cm sind, und auf die Formen rollen. Für Cremerollen oder in Streifen für anderes Gebäck wie Schnitten oder Äpfel im Schlafrock usw.

Olgaschnitten

6 Dotter mit 140 g Zucker 1/2 Stunde abrühren; 100 g geriebene Haselnüsse, 100 g Semmelbrösel, etwas Zitronenschale und den Schnee von 6 Eiklar.
Das Ganze auf ein gefettetes Blech streichen, licht backen und noch warm rasch in Vierecke schneiden, aber alle gleich groß.
Sobald sie kalt sind, mit folgender Creme füllen: 140 g Butter mit 80 g Zucker 1/4 Stunde lang gut abrühren, dann 2 Dotter und 1 ganzes Ei dazu und 100 g geriebene Haselnüsse und etwas Vanillinzucker.
Ein Viereck als Unterlage, ein Viereck darüber, dazwischen die Creme und oben mit Zucker bestreuen.

Bischofsbrot

4 Eier mit 1 eischwer Zucker 1/2 Stunde gut abrühren, dann 4 eischwer Mehl dazu, 40 g geschälte, feingehackte Mandeln, 30 g lichte und womöglich 30 g schwarze Rosinen und 20 g kleingeschnittenes Zitronat.
Alles in einer langen, gutgefetteten Form backen, bis es sich vom Rand schwach loslöst, stürzen und mit Zucker bestreuen.

Apfel im Schlafrock

Einen einfachen Butterteig bereiten: Auswalken, in Vierecke schneiden und in die Mitte einen Apfel mittlerer Größe legen, ausgehöhlt und gefüllt mit Marmelade oder in Butter gerösteten Semmelbröseln, mit Rosinen vermischt, oder mit einem Gemisch von feingehackten, geschälten Mandeln, kleinen Rosinen, kleingehacktem Zitronat und Zucker.

Nun schlägt man die mit Ei bestrichenen vier Ecken über dem Apfel fest aufeinander und bestreicht das Ganze mit Ei und bäckt es in ziemlich heißer Röhre.
Gebacken mit Zucker bestreuen.

Apfelschnitten von Butterteig

Einfacher Butterteig wird in 2 Teile geteilt.
Ein Teil kommt auf ein mit Fett geschmiertes Blech, dann belegt man diesen Teil mit feingeschnittenen Äpfeln, streut Zucker und Zimt darauf und in Butter geröstete Semmelbrösel und einige Rosinen.
Nun wird der andere Teil Butterteig daraufgelegt, mit Dotter bestrichen und in ziemlich heißer Röhre gebacken, noch warm in Vierecke geschnitten und mit Zucker bestreut.

Kirschkuchen

4 Eier abwägen, ebenso schwer Butter, Zucker, Mehl.
Die Butter abrühren, dann den Zucker dazugeben und nach und nach die vier Eigelb dazwischen rühren. Der Schnee von 4 Eiklar wird zum Schluß mit dem Mehl leicht dazugerührt.
Alles auf ein gebuttertes, geschlossenes Blech oder in eine größere Pfanne gießen, mit Kirschen bestecken – es können auch eingekochte Früchte sein – und goldgelb backen.
Ausgekühlt in Stücke schneiden.

Cremeschnitten

250 g Mehl, 70 g Zucker, 20 g Butter, 1 Backpulver, 8–10 Eßlöffel Milch zu einem Teig verarbeiten, den man in zwei gleich großen Teilen auswalkt und auf dem Blech licht bäckt.
Auf eine erkaltete Platte streicht man festen, noch warmen Pudding und legt die zweite Platte darauf. Diese bestreicht man mit Marmelade und streut geröstete Haferflocken oder Nüsse darüber.
Eine Stunde stehen lassen und mit in heißes Wasser getauchtem Messer zerschneiden.
Man achte besonders darauf, daß der Pudding nicht weich ist, da er dann ausläuft.

IX

CHAUDEAU

Kalte Obstschalen und Schaumspeisen

Apfelschnee für Kinder

Von 4–6 großen, gebratenen Äpfeln nimmt man das weiße Fleisch, drückt es durch einen Seiher oder ein Sieb und rührt dies mit 250 g Zucker eine halbe Stunde ab, gibt dann etwas Zitronensaft und Schale dazu, von 2 Eiern den Schnee und rührt bis zu 1 Stunde weiter. Es wird eine weiße, schaumige Masse; nun gibt man sie in eine Schüssel, streicht sie glatt und macht mit dem Löffel kleine Löcher, in welche man Marmelade gibt.

Kalte, feine Creme zu Waffeln

1/2 Liter süßen Rahm mit 1 Stückchen Vanilleschote 1/4 Stunde kochen, die Vanille herausnehmen; währenddessen 6 Dotter mit 250 g Zucker 1/2 Stunde verrühren in einer irdenen Schüssel, welche man auf die warme Ofenplatte stellt.

Nachdem der Rahm ausgekühlt ist, gießt man ihn nach und nach in die Dotter, während man fortwährend rührt, bis eine schaumige Masse entsteht.

Dann wegstellen und kalt rühren.

Nachher fast 1/2 Liter Schlagsahne fest schlagen und löffelweise unter die Creme vermengen und zuletzt 5 Tafeln Gelatine, die man in 2 Eßlöffel lauwarmem Wasser aufweicht.

Man füllt diese Creme in Glasschüsseln und gibt sie in ein Gefäß mit Eis, das mit Salz bestreut wird.

Weincreme (Chaudeau)

1/4 Liter gelben Wein mit Zucker nach Belieben (etwa 3 Eßlöffel), etwas feingeriebener Zitronenschale, Vanille und 5 Dotter in einem irdenen Topf auf dem Feuer tüchtig quirlen.

Sobald die Creme dicklich wird, von der heißen Platte wegstellen und weiterrühren.
Von 5 Eiweiß den Schnee schlagen und leicht darunterrühren.
In eine Schüssel legt man in Würfel geschnittenen Biskuit und gießt die Creme darüber.

Eiercreme mit Rum

In 1/4 Liter Milch quirlt man 2–3 Eßlöffel Zucker, 5 Dotter und ein Stückchen Vanilleschote und etwas feingeriebene Zitronenschale; man quirlt dies fortwährend am heißen Herd, bis es dicklich wird, zieht es rasch zurück und quirlt die Creme in kaltem Wasser, bis sie fast kalt ist.
Bevor die Masse ins Wasserbad kommt, gießt man Rum, Kognak oder Arrak dazu: 2–3 Eßlöffel oder weniger.
Diese Creme gießt man über würfelig geschnittenen Biskuit.

Schaumspeisen

Schaumspeisen können teils warm, teils kalt allein für sich als Lekkerbissen oder als Überguß Verwendung finden.

Echte Schlagsahne

1/4 Liter Rahm mit 100 g Zucker schlagen, bis er steif ist. Als Aroma Vanille, Zitrone.
Dieser Schlagsahne kann man auch etwas Kakao (1 Kaffeelöffel) zugeben, aber auch noch 50 g Zucker.
Mischt man geriebene Schokolade darunter, ist Zucker nicht nötig.
Zur Beerenobstzeit mischt man Walderdbeeren, Johannisbeeren, Himbeeren und andere Früchte unter die Schlagsahne.

Erdbeer- oder Himbeerschaum

2–3 Eßlöffel Erdbeer- oder Himbeermarmelade in Schlagsahne mengen und solange rühren, bis die Masse steif ist; noch Zitronensaft dazu.

Schlagsahne oder Eischnee-Schaum

1. 1/4 Liter Sahne, 100 g Zucker zu festem Schnee schlagen, 80 g feingeriebene Nüsse dazu.
2. 2 Eiklar und 100 g Staubzucker im Wasserbad am Herd zu festem Schnee schlagen und dann wegnehmen und kalt schlagen. Dann die Nüsse und Schokolade wie oben dazumengen. Mit Vanillezucker verfeinern.

Diese beiden Schaumarten sind auch für Schnitten und Torten verwendbar.

Apfel-Marmeladeschaum

In den festen Schnee von 2 Eiklar rührt man 2 Eßlöffel Marmelade, 200 g Zucker und 500 g gebratene, durchs Sieb gedrückte Äpfel solange, bis die Masse schaumig ist.

Mit Zitronenschale und Saft 1/2 Zitrone verfeinern. Zuletzt 50 g Rosinen dazu. Bis zum Auftragen kaltstellen.

Steifer Eierschneeschaum

100 g Zucker mit 4 Eßlöffel Wasser in kleinem Topf am Herd bis zum Faden spinnen: d. h. bis er ganz dünn ist, dazu 1 Vanillezucker.

Den heißen Zucker unter fortwährendem Schlagen langsam in den festen Schnee von 3 Eiklar eintropfen und so lange weiterschlagen, bis der Schnee steif ist.

Mit Beerenobst reichen oder auf Torten geben.

Schaumspeise

Kurz vor Gebrauch schlägt man 1 Eiweiß, 1 Tasse (1/4 l) Obstsaft und 1 Tasse (250 g) Zucker mit dem Schneebesen so lange, bis sich die Masse schneiden läßt.

Man kann ausgepreßten Saft, Saft von eingewecktem Obst, Wein oder Süßmost dazu verwenden.

Bei etwas säuerlichem Geschmack empfiehlt es sich, etwas mehr Zukker zuzulegen, damit der Schaum steif wird.

Diese Schaumspeise ist auch als Kuchenauflage verwendbar.

Kalter Grieß

In 3/4 l Milch, 2 Eßlöffel Zucker, etwas Zitronenschale und Salz kocht man 100 g Grieß ein und läßt ihn 10 Minuten aufkochen. Noch warm in eine Form geben, mit Marmelade oder Obstsaft anreichern oder man läßt 1 Teil weiß, vermischt 1 Teil mit Himbeermarmelade und 1 Teil mit 1 Tafel erweichter Schokolade und verziert oben die kalte Masse mit einem Schaum.

Obstgelee (Süße Sulz)

1–1 1/2 Pfund Obst wird stark zerkleinert und je nach Bedarf nachgesüßt.
Man löst in lauwarmem Wasser ein Päckchen Geleepulver und rührt es unter die Obstmasse.
Über Nacht erkalten lassen. Man reicht es auch mit Schaum. Kernobst wird entkernt. Auch als Kuchenauflage zu verwenden.

Kalte Obstschalen

Dreifruchtkaltschale

Man schneidet 2 saftige Äpfel in kleine Scheibchen und vermischt sie mit ebenso kleinen Schnitzen von 3 Apfelsinen und 2 Bananen, wobei man sie mit Zucker bestreut und mit alkoholfreiem Apfelwein anfeuchtet.
1–2 Stunden ziehen lassen.

Aprikosen- oder Pfirsichkaltschale

2 Pfund Frucht werden entsteint; die Hälfte davon in Scheiben schneiden und mit Zucker bestreuen.
Das andere Pfund Frucht wird durch die Maschine getrieben, mit Zucker gesüßt, mit Wasser und alkoholfreiem Traubenwein verdünnt und über die in Scheiben geschnittenen Früchte geschüttet.
Einige Zeit ziehen lassen.

Bananenkaltschale

5 Bananen mit Zucker bestreut in eine Schale legen, 5 andere Bananen durch ein Sieb drücken und mit Zucker, Wasser und alkoholfreiem Wein oder Sahne vermischt über die zerschnittenen Früchte schütten.

Erdbeerkaltschale

1 1/2 Pfund Erdbeeren, die man einmal durchschneidet, mit Zucker bestreut und mit Milch oder Rahm übergießt.

Himbeerkaltschale

Wie Erdbeerkaltschale; die Himbeeren werden mit der Gabel ein wenig zerdrückt.

Heidelbeerkaltschale

Wie Himbeerkaltschale.

Johannisbeerkaltschale

1 Pfund Beeren entstielen, die Hälfte durch die Fruchtpresse treiben und mit Zuckerwasser vermischt über die anderen, eingezuckerten Beeren schütten.

TOMATENSÜLZE UND APFELSÜLZE

mit Gelatine

Gelatine als Nahrungsmittel

Auch als Zusatz zu Suppen, Soßen, Gemüse, Milchspeisen bzw. in Verbindung mit Fleisch und Fisch, besitzt Gelatine die hervorragende Eigenart, all diese Gerichte leichter verdaulich zu machen.
Bei Gelatine spielt die Qualität eine ausschlaggebende Rolle.
Pulvergelatine läßt man einige Minuten in kaltem Wasser quellen und rührt dann die Gelatine in die heiße, nicht mehr kochende Speise ein.
Blattgelatine dagegen muß man nach dem Quellen und Abschütten des Wassers in einer geringen Menge warmen Wassers auflösen und rührt sie dann in dieser Form in die ebenfalls nicht mehr kochende Speise ein.
Bei kalten Speisen müssen beide Gelatineformen dagegen vor dem Einrühren in die kalte Speise vollständig aufgelöst sein.
Die fertige Speise muß an einem kalten Ort, am besten über Nacht (im Eisschrank) stehen bleiben, damit sie fest wird. Die vorher angeführten Schaumspeisen lassen sich vorzüglich mit Gelatine festigen.
Da Gelatine sehr hygroskopisch ist und leicht fremde Gerüche annimmt, ist sie stets trocken aufzubewahren und darf nicht in der Nähe stark riechender Gegenstände liegen.
1 Blatt Gelatine entspricht etwa 2 g Pulvergelatine, so daß also ein Beutel Pulvergelatine etwa 7 Blatt Dünnblatt-Gelatine entspricht. Es ist zu empfehlen, im Sommer die Flüssigkeitsmenge zu den einzelnen Rezepten geringer zu halten, da die Speisen bei warmer Witterung nicht so stark gelieren.

Tomatensülze

1 kg sehr reife Tomaten, Salz, Würfelbrühe, 14 – 16 Blatt weiße Gelatine oder 2 Beutel Pulvergelatine.
Tomaten durch ein Sieb pressen, salzen und soviel Würfelbrühe beifügen, daß man 1 Liter Flüssigkeit erhält.
Die aufgequollene und in wenig heißer Brühe aufgelöste Gelatine der

Masse beifügen, sie in kalt ausgespülte Form gießen, auf Eis über Nacht erstarren lassen, dann stürzen.
Die Form vorher kurz in heißes Wasser tauchen.
Mit harten Eischeiben und grünem Salat verzieren, zu Butterbrot und Mayonnaise reichen.

Kalbfleischsülze

Kalbfleisch weich kochen, in Würfel schneiden, mit streifig geschnittenen Pfeffergurken anrichten.
Fleischbrühsülze – auf 1/2 Liter 7–8 Blatt oder 1 Beutel Gelatine –; mit Krauspetersilie verzieren.

Huhn in Sülze

Die Stürzform mit Eischeiben, jungen Erbsen (Bruchspargel) auslegen, darüber kleine Stücke Huhn mit Essiggürkchen.
1/2 Liter Brühe zur Sülze.
Gelatine wie vorher.

Fischgemüsesülze

Jeder beliebige Seefisch wird gekocht, enthäutet und in kleine Stükke zerpflückt.
In der durch ein feines Sieb gegossenen, mit Essig und Salz versetzten Fleischbrühe werden kleingeschnittenes Gemüse, sowie Spargel, Karotten, Blumenkohl oder Erbsen gekocht und mit angerichtet.
Fischbrühe wie bei Kalbfleisch zu Sülze verwerten.
Ferner lassen sich alle Gemüse, Pilze, auch Maiskolben mit Fleisch usw. zu pikanten schmackhaften Sülzen verarbeiten.
Das Gemüsekochwasser wird mit Fleischbrühwürfel zu einer kräftigen Suppe verkocht, je 1/2 Liter (siehe Rezept „Kalbfleischsülze") mit Gelatine versülzen. Das Gemüse wird hübsch angerichtet und mit der Sulzbrühe übergossen.

Süß-Speisen

Die Verwendung der Gelatine zu Süß-Speisen ist überaus vielgestaltig. Alle zerkleinerten Früchte oder Fruchtsäfte können z. B. zu Gelees verwendet werden.

Apfelsülze

1/2 kg Äpfel in 1/2 Liter Wasser weichkochen, durchtreiben und Zitronensaft, mit Zucker oder Süßstoff gesüßt, und 8 Blatt oder 1 Beutel weiße Gelatine zusetzen.

Erdbeergelee

An 1/4 Liter süßen Erdbeersaft gibt man 1/4 Liter Wasser und etwas Zitronensaft. Daran rührt man 5 Blatt weiße und 1/2 Blatt rote aufgelöste und aufgeschmolzene Gelatine (oder die entsprechende Menge Pulvergelatine).

Die Speise kann man mit Löffelbiskuits reichen.

Kaffeecreme

3 Eigelb mit 3 Eßlöffel Zucker über Wasserdampf dicklich schlagen.
In eine Tasse starken Bohnenkaffee 4 Blatt weiße, aufgelöste Gelatine langsam dazurühren.

Dann ins kalte Wasserbad und weiterrühren, bis die Masse beinahe erkaltet ist; unter langsamem Rühren den Schnee der 3 Eiweiß dazugeben.

Mit steifgeschlagener süßer Sahne verzieren.

X

TRIESTER MASSE

Torten

Zubereitung der Biskuitmasse

Die Masse wird aus Eiern, Zucker und Mehl hergestellt und ist eine der gebräuchlichsten Mehlspeisen und Tortenmassen.
Ist die Masse gut abgerührt (20 bis 30 Minuten), gibt man etwas Backpulver dazu: So ergibt sie eigentlich das gleiche Gebäck, welches lokker, gut durchgebakcen sein muß.
Eine Röhre, in welche die Biskuitmasse zum Backen gegeben wird, darf nicht zu heiß sein, denn der Teig soll sich ja heben, soll aufgehen. Ferner ist es ratsam, die ersten 10 Minuten nicht in die Röhre zu sehen, da sonst die Hitze hinausgeht und der Teig nicht schön aufgeht. Stellt man die Tortenform auf den Dreifuß vorne hin, so hat man nicht nötig, die Form anzurühren, solange die Masse nicht festgebacken ist, da sie durch das Schütteln leicht zusammenfällt.
Sollte nach 20 Minuten die hintere Seite dunkler gefärbt sein, so kann man nun die Form wenden.
Sobald man nach 1/2 Stunde merkt, daß sich das Gebackene vom Tortenblech oben loslöst, so ist die Zwiebackmasse ausgebacken. Nun wird das Gebackene mit der Form umgestürzt und zum Auskühlen weggestellt.

Verschiedene Biskuitmassen und Tortenunterlagen

1

Drei Eier, 100 g Mehl, 110 g Zucker: 3 Dotter mit 110 g Zucker 20 Minuten schaumig rühren, den Schnee von 3 Eiweiß und das Mehl mit 1/4 Backpulver leicht darunterrühren.

2

Drei Eier, 100 g Zucker, 110 g Mehl: 3 ganze Eier mit 100 g Zucker in einem Topf schaumig schlagen, etwa 20 Minuten, 1/4 Backpulver, das Mehl dazu und backen.

3

Drei Eier, 100 g Zucker, 110 g Mehl: 2 Dotter, 1 ganzes Ei und 100 g Zucker 20 Minuten abrühren, den Schnee von 2 Eiweiß und 110 g Mehl mit 1/4 Backpulver leicht darunterrühren.

4

Vier Eier, 150 g Zucker, 150 g Mehl: 4 Dotter mit 150 g Zucker 20 Minuten abrühren, den Schnee von 4 Eiweiß und das Mehl mit 1/2 Backpulver leicht darunterrühren.

5

Sechs Eier, 220 g Zucker, 220 g Mehl: 4 Dotter und 2 ganze Eier mit 220 g Zucker 20 Minuten abrühren, den Schnee von 4 Eiweiß und das Mehl mit 1/2 Backpulver leicht darunterrühren.

6

Acht Eier, 300 g Zucker, 300 g Mehl: 8 Dotter mit dem Zucker schaumig rühren (20 Minuten), den Schnee von 8 Eiweiß und das Mehl mit 1/2 Backpulver leicht darunterrühren.

7

Vier Dotter mit 140 g Zucker vermischen, dazu 70 g Kartoffelmehl, 70 g Weizenmehl und 4 Eischnee.
In der Form backen: wird locker.

8

Einfache Kuchenunterlage: 30 g Butter, 1 Tasse Mehl, 1 Tasse Haferflocken, 1/2 Tasse Zucker, 1 Ei, 5 Eßlöffel Milch, 1 Teelöffel Backpulver oder 1 Messerspitze Hirschhornsalz und etwas Geschmacksstoff. Alles zu lockerem Teig mengen und backen.

9

Unterlage für Torte mit Schaum: 2 Eier, 120 g Zucker, 100 g Butter vermischen, dann abwechselnd 150 g Haferflocken, 1/4 l Milch und 300 g Mehl mit 1 Backpulver vermischt dazugeben.
In Form backen, Marmelade oder Obst und dann einen Schaum darauf.

Triester Masse

Als Zwischeneinlage zu Torten: Man schlägt den Schnee von 2 Eiklar und kocht 2 Eßlöffel Wasser mit 100 g Zucker auf der Herdplatte auf, so daß ein dickflüssiger Zucker entsteht, diesen gießt man langsam in den noch weiter zu schlagenden Schnee und gibt dann 20 g geschälte, feingeriebene Mandeln dazu.
In einer befetteten Form langsam backen, so daß die Masse weiß bleibt.

Diese Massen werden nach Bedarf für größere und kleinere Torten gewählt.
Nun kann man eine große Anzahl von Torten aus der Biskuitmasse herstellen, welche in der Füllung und mit dem Überguß wechseln je nach Belieben.
Diese Torten haben keinen besonderen Namen; siehe dazu die Tabelle für Biskuit-Torten.
Sie werden unter »Einfache Biskuit-Torten« zusammengefaßt.

Herstellung der Torten

Sobald eine Tortenmasse ausgekühlt ist, wird sie in 2 oder 3 Teile geschnitten, auf die einzelnen Teile wird die Füllmasse aufgetragen und obenauf legt man den Boden der Tortenmasse, der meist schön glatt und für den Überguß bestimmt ist. Nun wird der Überguß aufgetragen und die Torte ist fertig.
Die folgende Tabelle zeigt genau an, welch große Anzahl Biskuit-Torten hergestellt werden können, die Zubereitungsweise der Fülle und des Übergusses folgt nach. Soll die Biskuitmasse rosa gefärbt

sein, so genügen einige Tropfen Altkirmessaft (in jeder Drogerie zu haben). Braun färbt man durch Zugabe von 1 Eßlöffel Kakao zum Teig.
Bei festlichen Gelegenheiten, wo mehrere Torten hergestellt werden, macht man gemischte Torten.

Gemischtfarbige Torten

Man bäckt einige Tortenmassen in gleichgroßer Form aus und läßt eine Biskuitmasse weiß; zu einer Teigmasse gibt man 1–2 Eßlöffel Kakao, je nachdem, wie dunkel man das Gebackene will, eine Masse färbt man mit Altkirmessaft (in der Drogerie zu haben, ist giftfrei) rosa.
Nachfolgend einige Beispiele, wie das Gebackene von unten nach oben gelegt wird, dazwischen die Fülle und oben der Überguß und die Verzierung.

1

Überguß: Rosa Eiweißüberguß mit Pralinen geziert; dunkle Masse, lichte Buttercreme, lichte Masse, lichte Buttercreme, dunkle Masse.

2

Schokoladenüberguß mit Schokoladencremehäufchen: Lichte Masse, Marmelade, dunkle Masse, Marmelade, lichte Masse.

3

Weiße Eiweißglasur mit gespritzter Marmelade: Lichte Masse, dunkle Creme (mit Kakao), rosa Masse, lichte Buttercreme, dunkle Masse.

4

Zitronen-Überguß und dunkle Eiercreme, gespritzt: Dunkle Masse, lichte Buttercreme, rosa Masse, dunkle Buttercreme mit Schokolade, lichte Masse.

5

Schokoladenüberguß mit Pralinen: Dunkle Masse, Schokoladencreme, lichte Biskuitmasse oder Triester Masse, Schokoladencreme, dunkle Masse.

Kaffeeglasur mit Kaffeecreme gespritzt: Dunkle Masse, Kaffeecreme, Triester Masse, Kaffeecreme, dunkle Masse.
Die dunkle Masse wird ebenfalls mit dunklem Kaffee gefärbt, man kann stattdessen auch etwas Zichorie und wenig Kaffee dazu verwenden.

Füllmassen für Torten

Marmelade

Die im eigenen Haushalt erzeugte Marmelade ist meist gut und gebrauchsfähig. Wenn Marmelade gekauft wird, so rührt man diese etwas durch.

Buttercreme

10 Eßlöffel Milch mit 1/2 Puddingpulver und 1 Dotter im Wasserbad rühren, bis es dick ist, dann 200 g Butter oder Margarine und 150 g Zucker und Geschmack vermischen und die kalte, gekochte Masse dazugeben, bis sie gut vermengt ist.
Vanille-Geschmack oder Ananas.

Nußfülle

140 g Zucker (Staub) mit 3 Dottern und etwas Vanille vermischen, 140 g feingeriebene Nüsse mit festem Eischnee leicht darunter rühren.
Haselnüsse schält man, indem man sie im Rohr etwas röstet und dann in einem trockenen Tuch abreibt.
200 g Butter mit 150 g feingestoßenem Zucker 15 Minuten schaumig rühren.
Dann kocht man in einem kleinen Topf 10 Eßlöffel Milch mit 3 Dottern und 1 Eßlöffel Mehl (womöglich Kartoffelmehl) unter fortwährendem Rühren auf. Sobald die Masse dicklich wird, zieht man sie von der heißen Platte weg und rührt sie noch einige Minuten, stellt sie in kaltes Wasser und rührt bis sie kalt ist.

Nun wird sie löffelweise unter fortwährendem Rühren in die Buttermasse gegeben und noch weiter schaumig gerührt.
In einem zu warmen Raum kann die Creme nicht gemacht werden.

Schokoladen-Eiercreme

Sie wird ebenso gemacht: Man gibt 3 – 4 Rippen Schokolade in die Röhre zum Weichwerden und rührt diese unter die fertige Creme, wie oben angegeben, oder 10 g Kakao.

Vanillecreme

Sie wird wie oben hergestellt, man gibt zum Kochen oder erst später feingestoßene Vanille dazu.

Zitroneneiercreme

In die oben angeführte Creme wird feingeriebene Schale und Saft von 1/2 Zitrone gegeben.

Kaffeecreme

Obiger Creme werden tropfenweise 3 Eßlöffel starker schwarzer Bohnenkaffee beigefügt – unter fleißigem Umrühren.
Der Kaffee wird hergestellt, indem man 10 g gemahlenen feinen Bohnenkaffee in ein Leinwandsäckchen (Filter) gibt und dieses in einen Seiher oder Trichter legt und nun einen kleinen Schöpflöffel siedend heißes Wasser darüber gießt. Sobald etwa 3 Eßlöffel Kaffee abgetropft sind, stellt man sie weg zum Auskühlen und verwendet sie für die Fülle.

Walnußfülle

40 Stück Walnüsse reiben, 100 g Puderzucker mit einem ganzen Ei gut verrühren, etwas Vanille und die Walnüsse dazu.

Feine Walnußfülle

140 g Puderzucker mit 3 Dottern gut verrühren, dann den Schnee von 3 Eiklar und 140 g feingeriebene Walnüsse dazu, etwas Vanille.

Haselnußfülle

Geschälte Haselnüsse: In der Pfanne oder im Rohr die Nüsse trocknen, mit einem Tuch abreiben, so daß sie ganz weiß sind. 140 g Zucker mit 3 – 4 Eßlöffel Wasser am Herd zum Kochen bringen. Etwas Vanille oder Zitronenschale (abgerieben) dazu, dann die 140 g feingeriebenen Nüsse dazu.

Überguß für Torten

Bei der Fertigstellung der Übergußmasse ist zu beachten, daß diese stets etwas dicklich sein muß, damit die Tortenmasse von ihr bedeckt wird.
Man gießt die Übergußmasse in der Mitte der Torte auf und streicht sie dann rasch mit dem Messer über die Tortenfläche, aber so, daß sie eine schöne ebene Fläche bildet.

Eiweiß-Glasur, schneeweiß

2 Eiklar, etwa 140 g feingesiebten Puderzucker. In das Eiklar verrührt man in einer Tasse mit dem Kaffeelöffel nach und nach den Zucker, eventuell noch etwas mehr, bis eine ziemlich dickflüssige Masse entsteht, gießt sie auf die Torte und bestreicht sie rasch – zuletzt seitwärts. Gibt man Zitronen- oder Orangensaft dazu, so ist die Masse zwar schmackhaft, aber nicht mehr ganz weiß.

Eiweiß-Glasur, gefärbt

Rosa: Gefärbt mit Altkirmessaft.
Grün: Gefärbt mit grüner Farbe für Backwerk, giftfrei.

Zitronenüberguß

In den Saft einer Zitrone rührt man so viel feingesiebten Staubzukker, daß eine dickliche Masse wird, welche man rasch über die Torte gießt und verstreicht.

Schokoladenglasur 1

70 g feingesiebter trockener Puderzucker wird mit 70 g geriebener Schokolade und Eiweiß dick gerührt.

Schokoladenglasur 2

140 g Puderzucker (gesiebt) werden mit 140 g geriebener Schokolade und 3 Eßlöffel kochenden Wassers zu einem zähen Brei verrührt, dann vom Feuer weggestellt, kalt gerührt und über die Torte gegossen.

Schokoladenüberguß

100 g Zucker mit 2 Eßlöffeln Wasser aufkochen, 2 Rippen Schokolade in der Röhre aufweichen lassen, in den Zucker einrühren und zugleich ein nußgroßes Stückchen Butter. Sobald die Masse dicklich genug ist, rasch über die Torte gießen.

Kakao-Zuckerüberguß

Hat man Schokolade nicht zur Hand, so verrührt man in 3 – 4 Eßlöffel heißem Wasser ein nußgroßes Stück Fettstoff und gibt etwas Vanille dazu, nach und nach etwa 200 g Puderzucker und 10 g Kakao, bis eine glatte dickliche Streichmasse entsteht.

Punschglasur

Man rührt 200 g Puderzucker mit 2 – 3 Eßlöffel heißem Wasser und 1 Eßlöffel Arrak 1/4 Stunde lang, übergießt damit die Torte und läßt sie trocknen.

Vanille-Schnee

Man schlägt 2 Eiklar zu festem Schnee, gibt 125 g Puderzucker dazu und ein Päckchen Vanille.

Kaffeeglasur

In 3 – 6 Eßlöffel starken, schwarzen Bohnenkaffee (die Zubereitung desselben ist bei der Kaffeefülle beschrieben) werden 200 g feingesiebter Zucker eingerührt und die dickliche Masse über die Torte gegossen.

Marmeladeglasur

200 g feingesiebter Zucker werden mit 1 Eiweiß und 3 Eßlöffeln feiner Marmelade (letztere muß vorher gut verrührt werden) gut abgerührt.

Schokoladenüberguß mit Kakaomasse

30 g Block-Kakao werden in der warmen Röhre erweicht, 20 g feingesiebter Zucker und 3 – 4 Eßlöffel heißes Wasser dazu verrührt (auch ein nußgroßes Stückchen Butter).

Lichter Kaffeeüberguß

3 Eßlöffel starker schwarzer Bohnenkaffee (hergestellt wie bei der Kaffeecremefüllung) werden mit 3 Eßlöffel süßem Schmetten vermengt; 200 g feingestoßenen Staubzucker (und ein haselnußgroßes Stückchen Butter, zerlassen) dazu.

Eiweißschaum

1 Eiweiß, 2 Eßlöffel Staubzucker, 1 Eßlöffel rote Marmelade, Vanillinzucker: so lange rühren, bis ein fester Schaum entsteht.

Dotterschaum

Dotter mit 2 Eßlöffel Staubzucker und Vanille zu festem Schaum rühren. (Weiteres siehe Schaumspeisen, die bei Torten ein Verzieren unnötig machen.)

Punscheis

2 Eiklar, festen Schnee, 120 g Staubzucker (einige Tropfen Rum oder Likör) im Rohr licht backen.

Glasurverzierung mit Mus

3 Eßlöffel feines Mus, 1 Eiweiß gut verrühren, nach und nach 200 g Staubzucker dazu.

Spritzglasur

1/2 Eiklar mit feingesiebtem Zucker gut vermischen bis die Masse ziemlich dick ist, dann mit der Spritze oder im Spritzbeutel spritzen.

Tabelle für Biskuittorten

Biskuitmasse	Fülle	Überguß	Aufputz
weiß	Marmelade	Eiweiß mit Zucker	Geriebene Schokolade
weiß	Marmelade	Schokolade	Geschälte Haselnüsse ringsum
weiß	Marmelade	Rosa, Eiweiß mit Zucker	Schokoladenbonbons herumlegen
weiß	Marmelade	Zitrone mit Zucker	Pralinen
weiß	Eiercreme mit Vanille	Vanillecreme	Kleine Häufchen dunkler Eiercreme
weiß	Eiercreme mit Ananastopfen oder Vanille	Zitronenüberguß	Gespritzte Marmelade
weiß	Eiercreme	Schokoladeüberguß	Pralinen ringsum
weiß	Eiercreme mit Vanille	Rosa, Eiweißglasur	Pralinen ringsum
weiß	Eiercreme mit Kaffeegeschmack	Kaffee mit Zucker	Kaffeebohnen
braun, m. Schokolade	Eiercreme mit Vanille	Schokolade	Eiercremehäufchen
braun, m. Schokolade	Marmelade	Zitronenüberguß	Gespritzte Schokolade
braun, m. Schokolade	Eiercreme mit Schokolade	Eiweiß mit Zucker	Pralinen

rosa gefärbt	Vanillecreme	Schokolade	Eiercremehäufchen mit Schokolade
rosa gefärbt	Marmelade	Zitronensaft mit Zucker	Gespritzte Marmelade
rosa gefärbt	Vanille-Eiercreme mit Schokolade	Marmelade mit gerieb. Haselnüssen bestreut	Mandelsterne
rosa gefärbt	Eiercreme mit Likörgeschmack	Likör mit Zucker	Schokoladebonbons

GROSSER GITTERKUCHEN

Einfache Torten

Wirtschaftstorte

100 g Butter mit 180 g Zucker in einer kleinen Schüssel 15 Minuten abrühren, nach und nach 2 ganze Eier weiter gut verrühren, 2 Eßlöffel Kakao oder 3 Rippen Schokolade, 12 Eßlöffel Milch und zugleich löffelweise 250 g Mehl und 1 Backpulver dazu, so daß eine leichte Masse wird.
In gut gefetteter Form 1 Stunde backen, durchschneiden und mit Marmelade füllen.
Schokoladenüberguß, dem etwas Ananasgeschmack zugegeben ist.

Haustorte

100 g Butter mit 180 g Zucker 1/4 Stunde rühren, dazu 2–3 Rippen geriebene Schokolade, 2 Eier, 100 g geriebene Haselnüsse, 100 g Mehl mit 1/4 Backpulver und 8 Eßlöffel Milch, etwas Zitronenschale, 3 gemahlene Kaffeebohnen, 1/2 Eßlöffel Kakao, 1 Messerspitze Zimt.
1 Stunde backen – darüber Schokoladenüberguß.
Dieselbe Masse kann in einer länglichen Form gebacken, mit Schokoladenüberguß versehen und mit gestiftelten Mandeln besteckt werden: sie heißt dann »Rehrücken«.

Mohntorte

200 g gemahlenen Mohn mit 250 g Zucker, 250 g Mehl und 1/2 Liter Milch, 1 Backpulver, Zitronenschale, 1 Eßlöffel Rum gut mischen. In einer Form 3/4 Stunde backen.
Wenn ausgekühlt, mit 100 g Marmelade bestreichen und mit 30 g gerösteten Haferflocken bestreuen. Hat man mehr Marmelade zur Verfügung, so kann man die Torte ein- oder zweimal durchschneiden und damit füllen; sie ist dann saftiger.

Großer Gitterkuchen

Unter 500 g Mehl 1 Päckchen Backpulver mischen, verbröselt das mit 100 g Butter, 1 Ei, 100 g Zucker, etwas Sahne oder Milch und Zitronenschale oder Vanille.
Gut durchkneten.
3/4 des Teiges auf ein gefettetes Blech legen, Marmelade darauf und von dem restlichen Teig ein Gitter darübergeben und backen.
Man kann auch zwei Torten aus der Teigmasse herstellen.

Kalte Zwieback-Puddingtorte

250 g Zwieback, 2 Puddingpulver.
Der Pudding wird mit 1 Liter Milch gekocht, darf aber nicht zu dünn sein.
In eine Tortenform legt man eine Schicht Zwieback, dann etwas Pudding und dann Zwieback und so abwechselnd weiter, obenauf aber Pudding.
In kühlem Raum einige Stunden stehen lassen, oben mit Marmelade bestreichen und mit gerösteten Haferflocken oder Nüssen bestreuen. Zur Obstzeit gibt man statt der Marmelade Obst darauf mit echter Schlagsahne oder Eiweißschnee mit Zucker und Vanille.

Pudding-Obst-Kuchen

200 g Mehl, 40 g Margarine, 100 g Zucker, 1 Backpulver, etws Salz, 2 – 3 Eßlöffel Milch zu einem Teig verarbeiten.
Auf ein gefettetes Blech streichen und mit Äpfeln oder Beerenobst bestreuen und backen.
Dann mit noch warmem Pudding überziehen.

Schaumkuchen

Eine Biskuitmasse von 4–6 Eiern wird in eine große Form gegeben, gebacken, ausgekühlt und in der Mitte durchgeschnitten.
Man legt diese Tortenhälften mit der Schnittfläche nach oben auf je einen Teller und bestreicht mit Marmelade.
Von 5 Eiweiß wird fester Schnee geschlagen, nach und nach 180 g Zukker dazugetan: beide Tortenhälften damit bedecken, in die Röhre schieben und lichtgelb backen.
Oder man schlägt nur von 3 Eiweiß Schnee, gibt 90 g Zucker dazu und macht einen Schaumkuchen, während man die 2. Hälfte in Würfel schneidet und mit der Eiercreme mit Rum übergießt. (Siehe dazu »Kalte, süße Speisen«).

DER MOHR IM HEMD

Feine Torten

Punschtorte 1

Diese 2- bis 3farbige Torte wird aus Biskuitmasse hergestellt: Man bäckt für eine große Torte in großer Form eine weiße Biskuitmasse von 6 Eiern, schneidet sie in der Mitte durch und bestreicht beide Schnittflächen mit Marmelade; dann bäckt man noch zwei kleine Biskuitmassen von je 3 Eiern.
Die kleinen Massen färbt man rosa und grün oder rosa und schokoladefarbig, schneidet diese in Würfel und schichtet sie abwechselnd auf die eine weiße Tortenmasse.
Nun gießt man mit einem Eßlöffel Punschessenz darüber und legt den 2. lichten Biskuitteil darauf.
Damit die kleinen Biskuitwürfel gut zusammenkleben, streicht man etwas lichte Marmelade dazwischen.
Nun läßt man die Punschtorte über Nacht mit einem Brett beschwert liegen und gießt dann den Punschüberguß darüber.
Im Punsch, 6–8 Eßlöffel, werden etwa 200 g feiner Staubzucker eingerührt und über die Torte gegossen, oben gut verstrichen und an den Seiten ebenfalls.

Punschtorte 2

Von 12 Eiern eine Biskuitmasse machen, davon zwei Drittel in eine große Tortenform oder Kasserolle und ein Drittel in eine kleine Form – aber nicht zu dünn.
Nächsten Tag die Torte in zwei Teile schneiden und die Schnittseiten nicht zu dick mit Marmelade bestreichen; die kleine Biskuitmasse in nicht zu kleine Würfel schneiden und schnell in folgenden Saft tauchen (an eine Stricknadel gespießt): 1/4 Liter Rum, 1/4 Liter Zuckerwasser, Saft einer Zitrone – auf 2 oder 3 kleine Kaffeetöpfchen verteilt und in jedes Töpfchen eine Farbe: grün, rot oder gelb (ein Saft kann auch licht bleiben).
Nun schichtet man diese dreifarbigen Würfel abwechselnd auf den unteren Tortenteil, legt den Deckel darauf und preßt die Torte eine Stunde ein.
Aus etwas Rum, Zucker und Farbe macht man die Glasur, verziert sie meist nur wenig.

Grießtorte

180 g Zucker mit 6 Dottern 1/4 Stunde vermischen, den Saft von 1/2 Zitrone und die Schale feingehackt dazu, dann von 6 Eiern den Schnee und 120 g Grieß leicht darunterrühren.
Die Torte langsam backen.
Ausgekühlt zerschneiden, mit Marmelade füllen und Zitronenüberguß darüber: dann noch verzieren.

Pischingertorte

5 Oblaten füllen: 70 g Butter mit 70 g Zucker 1/4 Stunde verrühren, 70 g geriebene Haselnüsse und 2 Rippen in der Röhre erweichte Schokolade dazu.
Nach dem Füllen wird die Torte einige Stunden beschwert, damit die Oblaten zusammenhalten.
Dann kommt ein Schokoladenüberguß darüber.
Auch Waffeln können auf diese Weise verwendet werden.

Weiße Kartoffeltorte

Man rührt 200 g Zucker mit 5 Eidottern schaumig, gibt einen Kaffeelöffel gestoßenen Zimt und etwas Salz und gewiegte Zitronenschale dazu. 20 g geschälte, geriebene Mandeln, 420 g geriebene, am Tag vorher gekochte Kartoffeln, den Schnee von 5 Eiklar dazu und 3/4 Stunden backen.
Mit Zucker bestreut servieren.

Echte Mandeltorte

Man rührt 250 g Zucker mit 6 Eidottern schaumig, dazu 125 g fein gewiegte Mandeln, etwa von 1/2 Zitrone die Schale, den Saft einer ganzen Zitrone und den Schnee von 6 Eiklar.
3/4 Stunde backen.

Schlagsahnetorte

Biskuit von 6 Eiweiß wird in 3 Teile zerschnitten, 1/2 Liter Schlagschmetten festgeschlagen, Zucker nach Bedarf.
Vanille oder Zitronenessenz dazu.
Torte mit Schlagsahne füllen und überstreichen.

Malagatorte

Von 8 Eiern Schnee, 300 g Zucker, 130 g geriebenen Mandeln und 100 g Mehl bäckt man 4 Tortenblätter aus.
Fülle: 1/4 l Malaga, 4 Dotter, 70 g Zucker, 15 g Mehl auf dem Feuer rühren, bis es dick ist, nun kalt rühren und zwischen die Blätter streichen.
Als Überguß 3 – 6 Eßlöffel Malagawein mit 20 g Zucker mengen und darübergeben.

Malagatorte aus Biskuitmasse

Eine Biskuitmasse von 6 Eiern wird dreimal durchschnitten, mit vorher beschriebener Masse gefüllt und mit Malaga und Zucker übergossen.

Mokkatorte

140 g Zucker mit 110 g Butter 1/4 Stunde rühren, nach und nach 8 Dotter, 70 g gestoßene Haselnüsse, zuletzt den Schnee von 6 Eiweiß, 70 g Semmelbrösel und 70 g Mehl dazu.
In einer Form backen.
Fülle: 110 g Butter mit 60 g Zucker 1/4 Stunde rühren, 6 Eßlöffel starken, schwarzen Kaffee mit 4 Dottern und 1/2 Eßlöffel Kartoffelmehl dicklich aufkochen unter beständigem Rühren und ausgekühlt löffelweise unter die Buttermasse mengen.
Überguß: 3 – 6 Eßlöffel Kaffee mit 20 g Zucker. Aufputz: Kaffeebohnen und Kaffeecremehäufchen.

Falsche Mandeltorte

220 g Zucker mit 10 Dottern 1/2 Stunde rühren, dann Schnee von 6 Eiweiß, 75 g geriebene Mandeln, 125 g feine Semmelbrösel dazu, Zitronenschale feingehackt.
Die Masse ausbacken.
Fülle: 4 Eier für Schnee, 110 g Zucker, 70 g geriebene Mandeln.
Die Torte wird 2 – 3mal durchgeschnitten.
Überguß: Schokolade und von halbierten Mandeln Sternchen als Aufputz.

Nußcremetorte

8 Dotter mit 90 g Zucker 1/4 Stunde abrühren, 25 g Kakao, aus 5 Eiweiß Schnee, 55 g geriebene Hasel- oder Walnüsse und 110 g Brösel dazu.
Die Masse in einer Form backen, zweimal durchschneiden.
Fülle: 3 Eiweiß Schnee, 150 g Zucker, 70 g geriebene Hasel- oder Walnüsse, Vanille.
Überguß mit hellen Walnüssen verzieren oder 1/2 Liter Schlagsahne mit Vanille und 70 g geriebenen Hasel- oder Walnüssen füllen und über die Torte gießen.

Frühlingstorte

140 g Butter mit 140 g Zucker und etwas Vanillinzucker 20 Minuten rühren, zuletzt Schnee von 4 Eiweiß, 70 g Mehl und 140 g abgeschälte geriebene Mandeln dazu.

In einer Form backen.
Überguß: 3 Dotter mit 140 g Zucker und Vanille 1/4 Stunde schaumig rühren, über die kalte Torte streichen; mit halbierten Walnüssen verzieren.

Linzertorte 1

250 g Butter, 250 g Zucker flaumig vermischen, etwas Zimt und Zitronenschale, 4 Dotter und 1 ganzes Ei nach und nach einrühren, zuletzt 250 g Mehl und 250 g Mandeln.
In gut gefettete Form drücken (ein Fünftel des Teiges zurücklassen für das Gitter).
Mit Marmelade bestreichen und ein Gitter darauf.
Mit Dotter bestreichen.

Linzertorte 2

125 g Zucker, 125 g Butter, 380 g Mehl und 6 hartgekochte Eidotter vermengen, in eine gefettete Form drücken (ein Fünftel des Teiges für das Gitter zurücklassen), mit Marmelade bestreichen, ein Gitter darüber, mit Dotter bestreichen und backen.

Baumstamm

100 g Zucker, 75 g Mehl, 5 Eier.
In den Schnee von 5 Eiklar den Zucker, die Dotter und das Mehl leicht einrühren und sofort auf ein befettetes Blech streichen und ganz licht backen. Die Masse kann hügelig sein.
Creme: 1 Ei, 2 Rippen erweichte Schokolade, 2 Eßlöffel Milch (bei Kakao etwas mehr Zucker), 2 Eßlöffel Staubzucker.
Alles über Dunst in einem Topf dicklich rühren und dann wegnehmen und so lange im kalten Wasser rühren, bis die Creme kalt ist.
250 g Butter verrühren und nach und nach die Masse dazurühren.
Ein Teil wird auf den Teig gestrichen und damit eingerollt. Der Rest wird darüber gestrichen und Äste darauf gespritzt; mit gehackten Pistazien bestreuen.

Biskuitschnitten mit Nußcreme

Teig: 4 Eidotter, 110 g Zucker, 4 Eiklar Schnee, 90 g Mehl, 1/2 Päckchen Backpulver, etwas Butter und Mehl für das Backblech.
Fülle: 1/10 Liter Milch, 3 Dotter, 90 g Zucker, 30 g Nüsse, 10 g Reismehl oder Mondamin, 1/16 Liter Schlagobers.
Dotter und Zucker schaumig rühren, dazu nach und nach 4 Dotter, zuletzt den Schnee der 4 Eiklar und das Mehl leicht darunter und sofort auf das gut mit Butter bestrichene und mit etwas Mehl besiebte Blech fingerdick streichen.
Licht backen.
Nach dem Erkalten in 5 cm mal 7 cm breite Schnitten schneiden. Je eine Schnitte wird mit der Nußcreme bestrichen und eine andere Schnitte darauf gelegt. Mit Zucker und Vanillinzucker bestreuen.

Linzerkuchen

350 g Mehl, 60 g Butter, 60 g Zucker, 1 Ei, 1 Eßlöffel Milch, 1 Päckchen Backpulver, etwas Zimt.
Den Teig am Brett machen, zwei Drittel davon in eine Form drücken, Marmelade daraufgeben, aus dem Teigrest ein Gitter herstellen und darauflegen.
Nach dem Backen mit Zucker bestreuen.

Der Mohr im Hemd

Der Mohr wird hergestellt aus 125 g Zucker, 2 ganzen Eiern und 2 Dottern, die eine halbe Stunde gerührt werden.
Nun werden 4 Rippen Schokolade in der Röhre aufgeweicht und dazu getan mit dem Schnee von 4 Eiweiß, etwas Zimt und Nelken, gestoßen, Zitronenschale, 70 g mit der Schale geriebener Mandeln, 120 g feingeriebenen Brotes, 1/4 Backpulver.
Nach dem Backen wird das Mohrenhemd hergestellt und damit die Tortenmasse bedeckt, welche vorher 1- bis 2mal durchschnitten und mit Marmelade gefüllt wurde.
Das Mohrenhemd besteht aus 4 eischwer Zucker, welcher mit dem Saft und der Schale einer Zitrone, 1 Eßlöffel Rum, etwas feingestoßener Vanille, 2 Eßlöffeln Wasser gekocht wird, bis er Blasen wirft, doch muß diese Masse weiß bleiben.

Nun von 4 Eiweiß Schnee schlagen und den heißen Zucker unter ständigem Schlagen daruntterrühren und so lange weiterschlagen, bis er kalt und fest ist.
Die Tortenmasse wird nun ganz mit dem weißen Überguß bedeckt.
Der Überguß muß an kühlem Ort gemacht werden.

Sandtorte

125 g Butter mit 125 g Zucker gut rühren, nach und nach 3 Eidotter und 125 g Kartoffelmehl oder Mondamin, 1 Eßlöffel Rum und die feingeriebene Schale von 1/2 Zitrone.
Zuletzt den Schnee von 3 Eiklar.
Langsam backen.
Die Masse kann auch zu Napfkuchen verwendet werden.

Biskottentorte

In eine Glasschüssel legt man am Boden Biskotten und abwechselnd eine Creme, wieder Biskotten, obenauf Biskotten.
Dazu die Creme: 180 g Butter gut verrühren, 120 g Zucker langsam dazu, 4 Dotter und 2 Eßlöffel feinsten Rum oder Arrak.
Man kann die Form auch stürzen nach einigen Stunden und überzieht mit Schlagsahne und Vanillegeschmack.

XI

PARADEIS IN FLASCHEN - RÖTLINGE IN ESSIG

Aufbewahren von Gemüse

Gurken, in Essig eingelegt

Man legt kleine, gutgewaschene Gurken in ein Glas oder Faß und beschwert diese mit einem Brettchen (darauf noch einen Stein); kocht Essig ab und gießt ihn abgekühlt darüber, gibt etwas grünen Dill, 1 Lorbeerblatt, bißchen Pfeffer und Neugewürz dazu und obenauf Kren, der vor Fäulnis schützt.
In einigen Tagen sind die Gurken zu essen.
Will man die Gurken lange frisch erhalten, so gießt man das Essigwasser nach 3 Wochen ab, kocht es, schäumt es ab und gießt es kalt wieder über die Gurken; dann wieder beschweren.

Gurken in Salz

Kleine Gurken gibt man in ein Gurkenglas, kocht Salzwasser ab, läßt es etwas abkühlen, gießt es über die Gurken und bindet das Glas zu.
In einigen Tagen kann man die Gurken essen.

Herrenpilze (Rötlinge) in Essig

Kleine Herrenpilze werden geputzt, gewaschen, in Salzwasser gekocht und abgeseiht.
Essig wird mit einigen Pfefferkörnern und Neugewürz gekocht, abgekühlt auf die Schwämme gegossen; gut zubinden.

Pilze trocknen

Pilze aller Art werden gut gereinigt, nicht gewaschen, in dünne Scheiben geschnitten, auf Holzbrettern an der Luft getrocknet.
Das muß nicht an der Sonne geschehen; auch auf luftigem Boden und auf mit Gaze überspanntem Rahmen über dem Ofen werden Schwämme gut trocken.

Pilze in Salz

Nur frische, junge Schwämme geben guten Vorrat.
Putzen, in Scheiben schneiden, in ein Glas drücken und immer Salz einstreuen.
Über Nacht stehen lassen.
Am anderen Tag das angesammelte Salzwasser abgießen, die obere Schicht nochmals mit Salz bestreuen und mit Pergamentpapier sofort abbinden.

Mischgemüse in Salz

Wer in seinem Garten im Herbst reichlich Gemüse hat, bereitet damit für den Winter Suppengewürze.
1 kg Petersiliewurzel und auch einiges Blattwerk, 1 kg Kohlrabi, Möhren, Zeller, Porree mit Blatt, also von jedem 1 kg, klein schneiden und durch die Fleischmaschine drehen.
Zu 1 kg Mischung fast 1/2 kg Salz gut vermengen, in ein Glas drücken und gut zubinden.
Je nach der Suppenmenge 1–2 Eßlöffel des Eingelegten im Wasser zum Aufkochen verwenden.
Nur ganz einwandfreies Gemüse, also das Beste von allem, ist haltbar.
Karfiol, Zwiebel und Kapuste sind nicht zu verwenden, da diese leicht gären.

Grüne Bohnen in Salz

Ganz junge, grüne Bohnenschoten waschen, abtropfen lassen, schnitzeln; abends auf 5 Pfund 1/2 Pfund Salz untermischen mit Holzlöffel; über Nacht stehen lassen.
Am anderen Tag wie Kraut fest einstampfen, einen sauberen Leinwandfleck darauf, ein Brett und einen schweren Stein. Man sollte Steintöpfe (oder ein Holzgefäß) dazu verwenden.

Paradeis in Flaschen

Gut ausgereifte Paradeiser waschen, zerschneiden, kochen, durch ein Sieb drücken, die Masse nochmals überkochen, lauwarm in Flaschen füllen und über Nacht offen auskühlen lassen.

Man streut etwas Einsiedehilfe oben drauf und bindet mit Pergamentpapier gut zu; kühl aufbewahren.
Flasche, einmal geöffnet: dann ganz verwenden.

Ganze Tomaten einlegen

Rote, unverletzte Paradeisäpfel werden gewaschen: Abtropfen lassen, in Gläser geschichtet, oben Holzspäne eingezwängt, damit die Paradeiser unten bleiben.
In 1 1/4 Liter Essig, 8 Pfeffer- und Neugewürzkörner kochen, erkalten lassen und über die Paradeiser gießen.
Ein Stück Kren obenauf.

Petersilie und Sellerieblätter, gedörrt

Im Herbst schneidet man noch jüngere Blätter Petersilie und des Zellers ab, wäscht sie und streut sie auf ein Tuch, das man einrollt, und läßt das so eine oder mehrere Stunden liegen, damit sich das Wasser aufsaugt.
Dann trocknet man die Blätter auf einem trockenen Tuch im Schatten oder auf einem Backblech, indem man dieses nach dem Kochen auf die lauwarme Herdplatte stellt.

Majoran, Thymian und andere Küchenkräuter, getrocknet

Diese Küchenkräuter werden, bevor sie in Blüte gehen, mehrmals im Garten abgeschnitten und, wie vorher beschrieben, getrocknet.

Zitronen- und Orangenschalen aufbewahren

Zum Aufbewahren reibt man die Schalen fein ab, man kann sie entweder auf Papier am Herdrand rasch trocknen; aber besser ist, man gibt diese schichtenweise abwechselnd mit Zucker in ein Glas, obenauf Zucker und bindet gut zu.
So sind die Schalen monatelang bei bestem Aroma haltbar.

Kompotte und eingemachtes Obst

Äpfel und Birnen, gedünstet

Geschälte Äpfel werden in Viertel geschnitten und mit kaltem Wasser zugestellt und weichgekocht; man gibt auch etwas Zimt dazu.
Wenn sie fast weich sind, gibt man Zucker dazu und stellt sie kalt.
Gibt man etwas Zitronenschale dazu, schmeckt das Kompott auch fein.

Kirschen oder Weichseln, gedünstet

In starkes, kochendes Zuckerwasser wirft man Kirschen oder Weichseln und gibt etwas Zimt dazu.
Nur einige Minuten kochen lassen.

Dörrzwetschken, gekocht

Dörrobst wird rein gewaschen, mit kaltem Wasser zugestellt, weichgekocht, dann Zimt (auch Zitronenschale) und Zucker dazu.

Rohe Zwetschken, gedünstet

Die Früchte werden entweder mit der Schale gekocht oder vorher in heißes Wasser geworfen und geschält, dann in siedendes, starkes Zukkerwasser (1/2 Pfund Zucker auf 1/2 Liter Wasser) geworfen und nur einige Minuten aufgekocht.
Etwas Zimt dazugeben.

Stachelbeeren, gedünstet

Befreit von Stiel und Kelch wäscht man die Früchte und wirft sie in starkes, kochendes Zuckerwasser (1/2 Pfund Zucker auf 1/2 Liter Wasser); etwas Zitronenschale dazu.

Preiselbeeren, eingekocht

Reife Preiselbeeren wäscht man, läßt sie auf einem Sieb abtropfen, gibt sie in einen irdenen Topf und stellt sie auf den heißen Herd.

Zu 3 Liter Beeren gibt man 2 Pfund Zucker, wirft diesen, nach Bedarf abgewogen, in die Beeren.
Nun wartet man, bis die Beeren kochen, läßt sie einige Minuten aufkochen und stellt sie weg vom Ofen, damit sie etwas auskühlen.
Dann füllt man sie in ein Glas, gibt 1 Stückchen Zimt hinein und einige Nelken. Das Glas bindet man nach dem Erkalten gut zu.
Vor dem Essen nimmt man die nötige Menge heraus: Man kann auch süßen Schmetten daran geben, dann schmecken sie milder.

Rhabarber

Man verwendet ihn nicht nur im Frühjahr, wo er Lücken auf dem Obst- und Gemüsemarkt ausfüllen muß, sondern den ganzen Sommer hindurch.
Wenn man Rhabarber als Kompott kocht, hat man zwei Möglichkeiten: Entweder man läßt reichlich Zucker in Wasser aufkochen, gibt die Rhabarberstückchen hinein, läßt sie einige Male aufkochen, nimmt sie dann heraus und dickt den Saft noch ein.
Oder wenn man an Zucker sparen will, bzw. sparen muß, gebe man die Rhabarberstückchen, schnell gewaschen, unabgetropft in der Kasserolle aufs Feuer und lasse zugedeckt etwas dämpfen, wobei sich genügend Saft bildet.
Wenn fertig, wird das Kompott gesüßt.
Die erstere Art schmeckt etwas feiner, verlangt jedoch sehr viel Zukker.
Etwas Himbeersaft dem Rhabarber-Kompott zugefügt, verbessert den Geschmack.
Einkochen siehe vorher.

Heidelbeeren, in Flaschen

Frische Heidelbeeren überkochen und nur einmal aufwallen lassen, noch lauwarm in Flaschen füllen, oben im Hals 3 cm frei lassen.
Über Nacht stehen lassen.
Auf die Kruste im Hals Wasser gießen.
Mit schütterem Leinwandflecken zubinden und im Kühlen aufbewahren.
Man kann auch etwas Zucker mit einkochen.

Gibt man eine größere Menge in ein 5-Liter-Glas (Gurkenglas), so kann man auf 1 Glas 1 Pfund Zucker mit aufkochen: Wie oben weiterbehandeln.

Heidelbeeren, getrocknet

Schöne trockene Heidelbeeren streut man nicht zu dicht auf's Backblech und trocknet diese an der Sonne oder im Backrohr oder auf der lauwarmen Herdplatte.

Ganze Zwetschken in Essig

Auf ein 5-Liter(Gurken-)Glas nimmt man 3 kg reife, aber noch feste, große Zwetschken, 1 l Essig, 3/4 kg Zucker (Grieß), Zimtrinde, Nelken, eine halbe Muskatnuß.
Zubereitung: Die Zwetschken waschen, abtropfen lassen und durchstechen. Man kocht obige Zutaten (ohne Zwetschken), läßt den Sud erkalten und gießt ihn über die ins Glas gefüllten Pflaumen und läßt sie über Nacht im Keller stehen.
Am anderen Tag den Saft abgießen und wieder zum Kochen bringen: Wirft die Zwetschken hinein, zieht sie vom Feuer weg, und sobald sie aufzuspringen beginnen ins Glas füllen.
Den Saft erst nach dem Erkalten dazugießen.
Gut zubinden.
Zum Kochen kann ein guter Emailtopf verwendet werden, aber ein Metalltopf nie.

Apfelspalten

Äpfel geschält oder ungeschält in Scheiben schneiden, in Salzwasser tauchen, anfädeln, an der Luft im Schatten, über dem Ofen oder am Boden aufhängen und trocknen: Nicht an der Sonne trocknen.
Im Winter aufkochen, durch die Maschine drehen und mit Zucker und Zimt für Kuchen verwenden.

Zwetschkenpowidel

Die Zwetschken werden von den Kernen befreit, durch eine Fleischmaschine getrieben, damit die Schalen zerkleinert werden (es muß aber nicht sein).

Nun kocht man diese Masse unter öfterem Umrühren in einem irdenen Gefäß auf der Herdplatte 2 – 3 Stunden ein, gibt auf 2 Pfund Masse etwa 1/2 Pfund Zucker und füllt nun das Eingedickte in Gläser, welche, mit Pergamentpapier gut zugebunden, in Dunst gestellt werden.
Die Gläser dürfen nicht bis oben gefüllt werden.
Dieser Powidel hat den Vorteil, daß er nicht so verbrannt schmeckt, wie dies oft der Fall ist bei solchem, der zur festen Masse eingekocht wird.

Obsteinmachen ohne Zucker

Zum Konservieren ohne Zucker in gewöhnlichen Weinflaschen eignen sich vor allem Heidelbeeren, Johannisbeeren und Preiselbeeren.
Die Beeren sollten aber nicht gewaschen, sondern nur sauber verlesen werden.
Sie kommen dann ohne Wasser- und Zuckerbeigabe in einen Kessel und werden auf der Herdplatte, ja nicht auf offenem Feuer, langsam zum Kochen gebracht.
Infolge der sich allmählich entwickelnden Hitze platzen die Beeren und geben genügend Saft, so daß ein Anbrennen oder Anlegen nicht mehr zu befürchten ist. Dann kann man sie getrost auch aufs offene Feuer bringen.
Nachdem die Beeren einige Male aufgekocht haben, füllt man sie noch warm in Weinflaschen oder Steinkrüge mit engem Hals.
Infolge der Wärme ziehen sich die gekochten Beeren oben im Flaschenhalse zusammen und bilden eine feste Kruste.
Sobald die Beeren kalt sind, gibt man auf jede so gefüllte Flasche einen Teelöffel voll Arrak oder auch nur gestoßenen Zucker, der sich nachträglich in Alkohol verwandelt, verschließt die Flasche mit einem neuen Kork und bewahrt sie stehend im Keller auf.
Der Alkohol oben auf den Beeren bildet einen luftdichten Verschluß und erhält die Beeren tadellos oft mehrere Jahre lang.
Mit der Zeit bildet sich oben am Flaschenrand ein Häufchen aus Schimmel, das nicht den geringsten Schaden macht und das bei Entnahme der Beeren aus der Flasche leicht zu entfernen ist.

Will man im Winter oder Herbst die Beeren verwenden, so gießt man mittels eines dünnen Kochlöffels, durch dessen Hilfe die oft ganz sulzigen Beeren leichter herausfließen können, den Inhalt einer Flasche in eine Pfanne und fügt den nötigen Zucker hinzu.
Will man diese Beeren zu Kompott verwerten, so ist nur ein ganz kurzes Kochen nötig. Man läßt ein wenig Fruchtsaft zurück, verrührt diesen mit ein wenig Kartoffelmehl zu einem Teiglein und verdickt damit das wässerige Kompott. Dadurch wird jedes Beerenkompott milder und ausgiebiger.

Haltbarmachen von Obst

Man kann auch Gläser mit Metallspangen in den Dunsttopf stellen und 10 Minuten vom Beginn des Kochens an weiter kochen lassen am Herdrand; dann wegstellen und auskühlen lassen.
Hauptsache ist, die Gläser nicht zu voll zu füllen, damit im Glas ein luftleerer Raum bleibt, dann schließen die Gläser bestimmt gut, wenn der Gummi noch gut ist.
Man gibt das Obst in die Gläser und streut dazwischen immer eine Schicht Zucker, bei saurem Obst mehr, bei süßem weniger. Obenauf kommt immer Zucker:
Himbeeren auf 1 kg 250–300 g Zucker,
Johannisbeeren auf 1 kg 300–500 g Zucker,
Brombeeren auf 1 kg 200–400 g Zucker,
Heidelbeeren auf 1 kg 200–300 g Zucker,
Preiselbeeren auf 1 kg 300–500 g Zucker,
Erdbeeren auf 1 kg 150–200 g Zucker.
Bei Stachelbeeren, gelben Pflaumen, Zwetschken, Kirschen, Birnen (süßen), Rhabarber auf 1 Liter Wasser je nach Süße des Obstes 300–500 g Zucker, aufkochen, auskühlen lassen und auf die Früchte gießen, dann in Dunst kochen.
Obst in Dunst einkochen:
Will man Zwetschken, Pflaumen, Kirschen, Weichseln, Äpfel, Birnen, Ribisel, Schwarzbeeren, Preiselbeeren, Stachelbeeren in Dunst einkochen, so gibt man in 1/2-Liter-Gläser (Einsiedegläser) das gewaschene Obst, füllt aber die Gläser nicht ganz voll, streut die vorher angeführte Zuckermenge darauf oder das Zuckerwasser, bindet die

Gläser mit Pergamentpapier oder Schweinsblase gut zu und stellt sie in einen großen mit Heu gefüllten Topf.
Nun wird soviel kaltes Wasser in den Topf gegossen, bis die Gläser halb im Wasser stehen, der Topf wird zugedeckt, auf die Platte gestellt, und sobald das Wasser zu sieden beginnt, wird 1/2 Stunde gekocht.
Dann stellt man den Topf vom Ofen weg und gibt die Gläser erst heraus, wenn das Wasser kalt ist.
So in Dunst gekocht, ist das Obst lange haltbar.
Zwetschken sehen schöner aus, wenn man sie zuerst in heißes Wasser wirft (auf 2–3 Minuten), abseiht und abschält, dann erst in die Gläser füllt.

Marmelade

Hat man viel Obst im Garten, bereitet man sich selbst Marmelade.
Die Herstellung der Marmelade von Himbeeren, Ribis, Äpfeln und Marillen ist in allen Fällen dieselbe: Das Obst wird gewaschen, abtropfen gelassen und in einem Kessel aufs Feuer gestellt, damit es etwas zu kochen beginnt. (Die Äpfel in kleine Scheiben geschnitten, evtl. ein klein wenig Wasser zugegossen).
Nun wird das Obst durch einen Seiher oder durch ein Haarsieb gedrückt und die Masse oder der Obstsaft gewogen.
Auf 1 kg kommt dann die unten angegebene Zuckermenge.
Nun läßt man den Saft mit dem Zucker unter öfterem Umrühren aufkochen, und sobald die Masse dicklich ist, probiert man einen Tropfen auf einem Porzellanteller: Sulzt er sich und läuft nicht ab, so ist die Marmelade dick genug eingekocht, wird noch warm in Gläser oder Töpfe gefüllt, über Nacht auskühlen gelassen und dann fest zugebunden, damit sie nicht verdirbt.
Zu Apfelmarmelade gibt man Vanillezucker oder Zitronenschale.
Zum Haltbarmachen von Marmelade (Mus) ist folgende Zuckerzugabe nötig: Auf 1 kg Fruchtbrei fast 1 kg Zucker.

WALDMEISTERWEIN UND NUSSLIKÖR

Getränke

Vergorene Fruchtsäfte

Die Beeren werden ungewaschen zerdrückt und ausgepreßt.
In einem 5-Liter-Glas, Steintopf oder irdenen Gefäß (niemals Metall- oder Aluminiumtopf) den Saft in einen kühlen Raum stellen.
Es darf an die Schüssel nicht gestoßen werden.
Der Saft gerät in Gärung, die in 5 bis 8 Tagen vollendet ist, auf der Schimmeldecke zeigen sich dann kleine, klare Perlchen. Nun nimmt man diese Decke vorsichtig ab und gießt den Saft durch einen Leinwandfleck.
Der Saft wird darauf abgewogen und mit Zucker versetzt (auf 1 Pfund Saft rechnet man 1 Pfund Zucker), langsam zum Kochen gebracht. Nachdem man ihn geschäumt hat, läßt man ihn noch einige Minuten stark kochen.
Der Saft wird in reine, trockene Flaschen warm eingefüllt.
Die Flaschen bleiben offen, mit einem Tuch überdeckt, bis zum völligen Erkalten stehen. Zuletzt werden sie gut verkorkt.
Man gibt auf 1 Pfund Saft nur 1/2 Pfund Zucker und nach dem Kochen noch eine Messerspitze Einsiedehilfe, läßt noch einmal aufkochen und füllt noch warm in Flaschen: Weiter dann wie oben angegeben.

Erfrischender Obstsaft

Von allen Früchten kann der Saft bereitet werden.
3 l Beeren mit dem reinen Kochlöffel zerdrücken und mit 2 l Wasser mischen, 40 g Weinsteinsäure dazu und 24 Stunden in den Keller stellen.
Dann durch ein reines Tuch pressen, 3 – 4 Stunden setzen lassen und dann den oberen reinen Saft nochmals durch ein Tuch laufen lassen, damit er ganz klar ohne Satz ist.
Dann 600 g Zucker darin auflösen, mit dem Holzlöffel umrühren. In Flaschen füllen, mit Mull zubinden.
Schmeckt sehr gut auch in Tee.

Waldmeisterwein

Auf 1 Flasche leichten Weins: 180 g Zucker, eine Handvoll Waldmeister, 1 Scheibe Orange; man läßt das Ganze in einem Suppentopf zugedeckt stehen, seiht ab und kann dann sogleich trinken.
Dieser Wein ist nicht zum Aufheben bestimmt.
Wenn man ihn aufheben will, so darf man nur den Waldmeister 20 Minuten ziehen lassen, den Wein in Flaschen füllen, und so ist er lange haltbar.
Erst vor dem Gebrauch gibt man Zucker und Orange dazu und läßt ihn zugedeckt stehen.

Holunderlikör

2 l gewaschene Beeren, 2 l Wasser drei Tage stehen lassen, öfter umrühren, 3/4 Stunde kochen, abseihen, 800 g Zucker, etwas Zimt, Nelken, Vanille: dies noch 1 Stunde kochen, auskühlen, 1/2 l Alkohol dazu und in Flaschen gut verkorken.

Eierkognak

4 Dotter, 300 g Zucker, fünf Achtel Liter Milch, 1 Päckchen Vanillezucker, 1/4 l Alkohol.
Dotter mit Zucker gut rühren, inzwischen die Milch mit dem Vanillezucker einkochen lassen.
Nach dem Erkalten mit Zucker und Dotter verrühren, dann das Gefäß ins Wasserbad auf die Herdplatte stellen und rühren, bis die Masse dick ist.
Vom Herd wegstellen und bis zum Erkalten weiterrühren, dann erst langsam den Alkohol zusetzen und in die Flasche füllen, wenn alles kalt ist.
Man kann in die Kochmasse im Wasserbad auch etwa 1 Kaffeelöffel Kartoffelmehl mit einrühren, damit die Masse dicker wird, sonst müßten noch mehr Dotter genommen werden.

Vanillinwein

1/2 l Rotwein, 1/2 l Wasser, 1 Pfund Zucker, 1 Schote Vanille, klein geschnitten: Alles wird gekocht, bis der Zucker aufgelöst ist.
1/2 Liter guten Rum dazu und in Flaschen gut verkorken.

Glühwein

1/2 l Rotwein, 1 Messerspitze Zimt und Nelken mit 120 g Zucker aufkochen lassen, etwas Zitronensaft oder Schale: Heiß trinken.

Nußlikör von Walnüssen

10 – 15 frische Walnüsse werden in kleine Scheiben geschnitten, in ein Glas gegeben, ferner 6 Nelken, ein Stück ganzer Zimt, und von einer Orange die feine Schale, 1 l 90prozentigen Alkohol darüber gegossen, gut zugebunden und 14 Tage an der Sonne stehen gelassen.
Dann gibt man den Inhalt des Glases in ein Tuch und preßt es fest aus. Der Alkohol kommt wieder in das Glas zurück.
Vorher hat man 375 g Zucker in 1/2 l Wasser gekocht und erkalten lassen: Das wird nun zu dem Alkohol zugegossen.
Dann läßt man ihn wieder 10 – 14 Tage gut verkorkt stehen; nun gießt man ihn wieder durch ein Filterpapier, damit er rein wird, und korkt die Flasche fest zu.

Weichsel- oder Schwarzbeerlikör

1/2 l Weichseln oder Schwarzbeeren werden in 1 l 90prozentigen Alkohol in Flaschen gefüllt; mit den gleichen Zutaten, wie beim Nuß-Likör vorher beschrieben, weiter behandelt.

XII

DIE KOCHKISTE

Eine „altmodische", einst sinnvolle Einrichtung

Die Kochkiste ist eine Einrichtung, mit welcher Speisen, die 10 bis 15 Minuten, je nach Vorschrift, auf der Ofenplatte vorgekocht wurden, weitergekocht werden, ohne daß man sich weiter darum zu kümmern braucht.
Eine Kochkiste kann sich jeder selbst herstellen: Für 1, 2 oder 3 Töpfe, je nach Bedarf.
Man nimmt zur Herstellung einer solchen eine gut verschließbare Kiste und füllt sie mit einem schlechten Wärmeleiter aus: Holzwolle, Heu oder Zeitungspapier. Rechts und links läßt man ein rundes Loch frei für den Kochtopf.
Es ist wohl das Beste, für eine Kochkiste 1 oder 2 gut verschließbare 4- bis 5-Liter-Töpfe mit festschließendem Deckel zu kaufen, welche stets für diesen Zweck verwendet werden.
Nun füllt man die Zwischenräume mit Heu, Holzwolle oder Zeitungspapier aus; um aber eine festere Form zu erhalten, ist es zweckmäßiger, wenn man sich aus altem Leinwandzeug einen Überzug über das Füllmaterial macht. Man legt oben einen Fleck auf, schneidet die zwei runden Öffnungen für die Töpfe heraus und näht nun für den Topf den Boden und die Seitenwände ein. So ist also auch das Heu (Holzwolle oder Papier) bedeckt und kann nie herausfallen. Stellt man nun die Töpfe hinein, werden sie mit einem Kissen (gefüllt mit Heu, Holzwolle oder Papier) zugedeckt und schließt nun den Deckel der Kiste, der aber befestigt werden soll, damit er ja nicht aufspringt.
Will man die Kochkiste benützen, so ist es notwendig, daß die Speisen auf dem Kochherd bis zum Kochen gebracht werden und dann müssen sie je nach Vorschrift eine bestimme Anzahl Minuten kochen; dann erst wird der Topf in die Kiste gebracht und dort belassen, bis er gebraucht wird.
Die Anwendung einer Kochkiste würde sich also z. B. so gestalten: Man macht den Kochherd an, stellt das Wasser für Kaffee und die

Milch zum Kochen auf; zugleich will man für Mittag einen Graupeneintopf mit Kartoffeln und Gemüse vorkochen: Man gibt alle Zutaten in den Kochtopf und läßt vom Beginn des Kochens an 20 Minuten alles gut zugedeckt kochen, gibt sodann den Topf, ohne den Deckel zu heben, damit der heiße Dampf nicht entweicht, rasch in die Kochkiste und schließt diese zu.

Zu Mittag wird der Kochtopf herausgenommen, auf den Tisch gestellt und das fertige Essen wird aufgeteilt.

Wenn wir uns in der Hauswirtschaft umsehen, so merken wir, daß wir dieses Festhalten der Wärme und Kälte ohnedies praktisch verwenden, nur in anderer Form: Man wickelt eine Flasche kaltes Bier in ein Kissen ein und nimmt diese mit aufs Feld: Nach 3 – 4 Stunden ist das Bier noch kalt.

Umhüllt man einen geschlossenen Krug heißer Speisen, wie: Kaffee, Tee, Suppe, Brühe, Kraut etc. mit Federpolstern oder warmen Dekken, so bleiben die Speisen stundenlang heiß.

Ein weiterer Vorschlag: Man kocht das Essen fertig, läßt es gut zugedeckt, damit der Dampf nicht entweicht, und hebt nun das Bettkissen auf, legt ein größeres, dafür bestimmtes sauberes Tuch auf, stellt den heißen Kochtopf in der Mitte auf (unten ein Stück Papier legen, damit nichts beschädigt wird), schlägt nun das reine Tuch darüber zusammen und drückt das Bettkissen fest darüber, damit der Topf von allen Seiten gut zugedeckt ist.

So aufbewahrt, bleibt das Essen bei 3 – 5 l Inhalt 3 – 4 Stunden heiß; in kleinen Mengen, 1 l etwa, noch sehr warm.

Wenn also jemand früh weggeht, ist das Essen mittags eßbereit.

Man kann auch, falls Einzelpersonen früher essen wollen, den Topf öffnen und einen Teller voll ausschöpfen; das muß aber rasch geschehen, damit nicht zu viel Wärme entweicht, und der Topf wird wieder gut zugedeckt.

Für die Kochkiste eignen sich am besten Eintopfspeisen, aber auch Gemüse und Fleisch.

Eintopfspeisen	Vorkochzeit
Reis, Kartoffeln, Gemüse, Salz, Gewürz (Fleischreste)	15 Minuten
Kartoffeln, Erbsen über Nacht eingeweicht, Gemüse (Wurstreste), Salz, Einbrenne, Zwiebel	20 Minuten
Bohnen, über Nacht eingeweicht, Kartoffeln, Einbrenne, Gemüse, Gewürz	20 Minuten
Milch mit Nudeln, süß oder gesalzen	5 Minuten
Kümmelsuppe mit Hörnchen und Kartofeln, Zwiebel, Salz	10 Minuten
Buttermilchsuppe mit Kartoffen, Nudeln	10 Minuten
Möhren mit Kartoffeln	10 Minuten
Kohlrabi mit Kartoffeln	10 Minuten
Frischkraut mit Kartoffeln (Fleischreste)	10 Minuten
Kartoffelbrei mit gerösteter Zwiebel	10 Minuten
Reisbrei mit Milch gekocht	10 Minuten
Grießbrei mit Milch gekocht	10 Minuten
Hörnchen mit gerösteter Zwiebel oder Speck	10 Minuten

Rindfleisch 20 Minuten kochen, dann Gemüse, und Kartoffeln in der Kochkiste 20 Minuten.
Schweinefleisch 20 Minuten kochen, Kraut, Kartoffeln 20 Minuten; Geschling (Beuschel) 20 Minuten kochen, Kartoffeln, Einbrenne 20 Minuten.
Fisch in Soße mit Kartoffeln ebenfalls 20 Minuten.

XIII

RINDSZUNGE MIT WASSERSPATZEN

Allerlei Speisenzusammenstellungen auf's Brot

Gewiß, Hunger ist der beste Koch, und schmeckt uns das trockene, d.h. unbestrichene Brot auch gut: ein belegtes Brot ist doch anregender, auch nahrhafter. So ist ein Butterbrot sehr gut: auch mit Margarine, Fett, Streckbutter, Marmelade, Zuckerrübensaft.
Brot mit Wurst- und Fleischbelag, saure Gurken, Käse in verschiedener Art. Der Quark (Topfen), mit Milch (oder Sahne) verrührt, gesalzen mit Beigabe von Kümmel, Zwiebel oder Schnittlauch usw.
Man kann auch Quark selbst bereiten:
1 l Vollmilch in der Küche sauer werden lassen (48 Stunden). Den Rahm abnehmen. Die Sauermilch auf die Herdplatte seitwärts stellen und abwarten, bis die weiße Quarkmasse in grünen Molken in einem Klumpen schwimmt. Dann langsam in ein Sieb (Seiher) gießen und einige Stunden abtropfen lassen, am besten über Nacht. So kann der Quark zu Aufstrich verwendet werden.
Will man Reibkäse, so läßt man Sauermilch recht heiß werden, gießt ab und drückt die noch warme Quarkmasse mit den Händen zu einer Kugel fest zusammen. Dann an warmem Ort trocknen lassen bis zur Verwendung.

Topfenaufstrich

Topfen (Quark) mit etwas Butter, Milch, Salz, Kümmel, gehackte Zwiebel gut verreiben.
Topfen nur mit saurem Rahm vermischen, salzen, dann Zwiebel, Kümmel, Schnittlauch nach Belieben.

Liptauer Käse

1/4 kg Topfen, Salz, 10 g Kapern, 50 g Zwiebel, eine Sardelle, süßen Paprika, alles fein hacken und gut verreiben.

Käseaufstrich

100 g Hartkäse gerieben, 100 g Butter, Zwiebel, Petersilie, grün (alles fein gehackt) gut verreiben.

Süßer Quark

Frischen Quark drückt man durch ein Sieb und rührt ihn mit etwas Sahne schaumig. Zuletzt Zucker und ein wenig Salz dazu.

Süßer Topfen

200 g Topfen (Quark) durch ein Sieb drücken mit 100 g Marmelade, 20 g Zucker, etwas Salz und 4 Eßlöffel Milch schaumig rühren.

Alltägliche Speisen und passende Zutaten

Eintopfspeise mit Fleischresten.
Suppe, Gemüse, Kartoffeln.
Suppe, Gemüse, Teigwaren.
Suppe, Brühe, Kartoffeln.
Suppe, Brühe, Knödel.
Suppe, Mehlspeise.
Suppe, Fleisch, Brühe, Kartoffeln.
Suppe, Fleisch, Brühe, Knödel.
Kartoffelbrei, Karbonaden oder Hackbraten.
Grießbrei (Graupen, Reis), Kompott.
Rindsuppe, Fleisch, Krensoße, Brot.
Gulasch, Kartoffelspeise.
Kartoffelspeise, Brühe.
Kartoffelspeise, Gemüse.
Kartoffelspeise, Obstsoße oder Kompott.
Falsche Lungenbratenbrühe mit Kartoffeln.
Sauerfleisch mit Knödeln aller Art.
Lungenbraten mit Knödeln und Kompott.
Lungenbratenschnitzel, -vögel, Faschiertes mit einer Art Kartoffeln, Salat oder Gemüse.
Rindszunge mit Knödeln aller Art oder Wasserspatzen.
Zigeunerbraten und Gulasch mit einer Kartoffelart (Kartoffelbrei).
Schweinefleisch, gebraten, Sauerkraut oder Kraut vom Häuptel und Kohlrabi und Knödel, Kartoffeln.
Schweinefleisch gebraten, mit Sauerkraut und Knödeln, Speck- und Tirolerknödel.
Zu warmen Würsten vom Hausschlachten Brot und Kartoffeln, Kartoffelbrei zu Beuschel.
Schweineschnitzel mit Kartoffelspeisen aller Art, Gemüse, Salat, Kompott.
Schweinefleisch mit schwarzer Brühe, Knödel verschiedener Art, Kartoffel.
Selchzunge, gekocht, geschält, mit Spinat, gelben Rüben oder Kartoffeln und Kraut und Knödeln.

Leber mit Kartoffeln aller Art und Brot.
Gulasch mit Nudeln, gedünstetem Reis, Kartoffelknödeln, Grießknödeln, Kartoffelstrudel.
Rostbraten mit Kümmelkartoffeln, gerösteten Kartoffeln, Reis, Spinat mit Spiegelei.
Karbonaden und faschierter Braten: Kartoffeln aller Art, Kartoffelbrei, Gemüse, Salat und Kompott.
Kesselfleisch mit Kren und Brot.
Suppe, Apfelstrudel oder Teigwaren mit Mohn und Zucker.
Suppe, Semmelschmarrn.
Suppe, Grießschmarrn mit Kompott.
Zwetschkensoße mit Buchteln.
Makkaroni mit Soße oder Mohn mit Zucker oder Kompott.
Gebratenes Kalbfleisch mit Fülle im Dunst, Knödel oder Kartoffeln.
Eingemachtes Kalbfleisch mit Semmelbröselknödeln, Semmelknödeln, Reis, Kartoffeln.
Wiener Schnitzel mit Kartoffeln verschieder Art, 1 Stückchen Zitrone, Kompott (Äpfel, Preiselbeeren, Kirschen), Salat: Gurken-, Häuptel-, Kartoffelsalat, Kohlrübengemüse.
Falscher Thunfisch, Hühnerpastete mit kalter Eiertunke.
Eingemachte Ente oder Gans, wie bei eingemachtem Kalbfleisch.
Tauben gefüllt, mit Fülle im Dunst, Kompott.
Tauben mit schwarzer Brühe und Knödel oder Kartoffeln, Wasserspatzen.
Gebratenes Huhn wie vorher bei Wiener Schnitzel.
Paprikahuhn mit Kartoffelspeise oder Wasserspatzen, Gemüse.
Backhuhn wie bei Wiener Schnitzel, Kompott.
Hasenbraten mit Knödeln, Kompott (Preiselbeeren, Äpfel), Rotkraut.
Rehbraten mit Knödeln, Kompott (Preiselbeeren).
Hase oder Reh, Wildschwein mit schwarzer Brühe, Kartoffeln oder Knödeln
Rebhuhn und Wildente mit Kartoffeln, Preiselbeeren, Äpfeln, Rotkraut, Rotkrautsalat.
Karpfen wie bei Wiener Schnitzel.
Karpfen mit schwarzer Brühe und Knödel.
Grüne Heringe in Senfsoße mit Kartoffeln.
Warmer Heringssalat.
Fischfilet in Öl mit Kartoffelbrei.

Fischfilet in Senfsoße mit Kartoffelbrei.
Fischfilet als Paprikafisch mit Kartoffelbrei.

Feine kalte und warme Abendspeisen für Gäste

Kalbs- oder Schweinebraten, kalt dünn geschnitten, mit Senf oder Eiertunke, Mayonnaise, Brot oder Semmelschnitten.
Falscher Thunfisch oder Hühnerpastete mit Mayonnaise.
Gefüllte Eier mit Eiertunke, Brötchen.
Kartoffelsalat mit verschiedenem Gemüse und anderen Salaten, Butter, Käseschnitten.
Belegte Brötchen.
Hauswurstsache und Sauerkraut.
Sulzfisch, marinierte Heringe.

Speisenfolge bei Festlichkeiten

Werden Gäste erwartet, wird der Tisch meist reichlicher gedeckt, aber bei Festlichkeiten, wie Namens- oder Geburtstagen, bei Verlobungsfeiern, Hochzeiten, Taufen, bei silberner und goldener Hochzeit muß man mehr Speisen vorbereiten und man hält dann beim Auftragen eine gewisse Ordnung ein.
Zuerst kommt die Suppe an die Reihe, dann das Fleisch, dann eine süße Speise, schwarzer Kaffee stets zum Beschluß.

Suppe
Fisch (kann wegbleiben)
Fleisch mit Zuspeise und Gemüse
Mehlspeise
Käse (kann wegbleiben)
Schwarzer Kaffee

Suppe
Fisch
Rinderbraten, Wildbret oder Geflügel, Zuspeise, Gemüse
Feines Gebäck oder Torte
Schwarzer Kaffee

Suppe
Fisch
Wildbret, Zuspeise, Kompott, Gemüse
Kalbsbraten, Salat
Torte
Likör

Suppe
Rindfleisch mit Brühe und Knödeln oder Rindfleisch mit saurem Kren und Brot, Gemüse
Gebratene Gans, Hase mit Kompott oder Kalbfleisch mit Salaten
Torte oder Mehlspeise
Schwarzer Kaffee

Suppe
Fisch
Rindfleischbraten mit Zulage, Gemüse
Wildbret mit Kompott
Geflügel und Salat
Feine Creme zu Waffeln oder Torte und kleines Gebäck
Wein
Schwarzer Kaffee

Eine gute Festsuppe
Rindfleisch, kalte Krentunke oder Milchkren mit Hefeknödeln und sauren Gurken
Rinderbraten oder Zunge mit schwarzer polnischer Brühe
Gebratenes Fleisch mit Knödeln (Semmel), Salat, Kompott
Geflügel, Zuspeise von Kartoffeln, Gemüse, Mehlspeise mit Creme oder Torte, Wein, kl. Bäckerei
Schwarzer Kaffee oder Kaffee mit Sahne

Godehard Schramm
BOGEN DURCH GANZ-NAH-OST
Eine querböhmische Reise

„In jede Reise muß Pilgerschaft im alten Sinne eingeschlossen sein. Sonst bleibt sie eine Anhäufung von Bildern, mit denen der Wanderer sein Inneres wie ein Album mit papierenen Karten füllt …
Es gibt nur eine Reise, die Lebensreise, und jede zeitliche Bewegung ist einer ihrer Abschnitte. Jedes Tagesziel ist ein Gleichnis des Lebensziels und sollte ein pilgrims progress sein."
Ernst Jünger, San Pietro. 1957.

EIN Vorzug des Älterwerdens ist der geweitete Blick über die eigenen Bewegungen. Zu meiner Geschichte, ich meine hier das gemeinsame Leben mit meiner Frau, mit den Kindern, gehören Reisen; manche sind wie Goldfäden in den Lebensteppich gewebt, markieren besondere Abschnitte, auch Wendungen. Die Leidenschaft des Unterwegs-Sein verdichtet sich manchmal, und wiewohl wir oft gerne in der Fremde ausruhten, flackerte doch stets die Neugier, derem Feuer das Ferne stets neue Nahrung gibt. Eines Tages wird dann ein Punkt erreicht, an dem das noch nicht Besuchte nicht mehr wie ein Mangel schmerzt, man konzentriert sich; bei uns sind das die beiden Pole Holland und Italien, und immer wieder der Osten …
In den letzten Jahren hat sich dabei das Motiv der Pilgerschaft stärker entwickelt – der Pilger weiß zwar, wohin er will, doch ahnt er nur, was ihn dort erwartet: er gleicht einem Spieler, der auf etwas setzt, von dem er nur hoffen kann, daß ein Erlebnis ihn ergreift – denn erzwingen läßt es sich nicht. Zu diesen Pilgerreisen gehören die Fahrten zum Grünewald-Altar in Isenheim, von dem es dann ganz zwangsläufig nach Oberfranken, nach Lindenhardt geht; auch Holbeins „Totem Christus", in Basel, galt so eine Pilgerreise. Nach Osten zu fügte sich Niederaltaich an, mit dem Kloster, in dem nach byzantinischem Ritus der Gottesdienst gefeiert wird; dann nach Passau, wo wir zusammen mit Freunden das Werk des niederbairischen Bildhauers Hans Wimmer erlebten. Ein besonderer Vorzug solcher Reisen ist die Konzen-

tration auf ein einziges Ziel – alles andere wird nur beiläufig wahrgenommen, so daß es nicht beschwert. So beschlossen wir eines Wintertags, wieder einmal in den doch so nahen Osten zu reisen. Das Visum für die Tschechoslowakei kam geradezu in Windeseile; eines Morgens brachen wir auf, fuhren durch den Bayerischen Wald, wo ab einer bestimmten Höhe plötzlich der Nebel unter uns blieb und die Sonne auf den dürftigen Winterschnee leuchtete. Der Grenzübergang bei Philippsreuth ist klein; schon in seiner Nähe ahnt man, daß hier „unsere Welt" aufhört – es gibt keine Tankstellen mehr. Auch die Prozedur der Einreise in das Große Ostreich war diesmal überraschend: die tschechischen Grenzer waren freundlich, demütigten nicht durch Kofferfilzen; alles ging rasch vonstatten, mitteleuropäisch – im Februar 1989.

Sogleich spürten wir wieder den Temperaturwechsel: Hinter dem Eisernen Vorhang, der allmählich seiner Unhaltbarkeit entgegengeht, weitet sich das Land zu einer verhältnismäßigen Leere, auf deren dünner besiedeltem Grund zunächst das Einfache besser zu gedeihen scheint. Wenn man die letzten Panzersperren passiert hat, ist es, als befahre man eine Schleuse der Menschenleere.

Wir hielten in einem kleinen Ort, in Volary. Dem Kellner war das Deutsche geläufig, und wir staunten über die für uns so niedrigen Preise (trotz Zwangsumtausch); hier hat hinter der Krone noch jeder Heller ein Gewicht. Wir fuhren durch ein weites Land, dem Moldaustausee entlang, an dem wir uns auch einen Sommer vorstellen konnten. Wieder einmal bedachte ich das tschechisch-deutsche Mißverhältnis: noch immer liegt ihm eine Empfindung der Polarität, des Entweder-Oder zugrunde; noch fehlt das Hinundher der Sympathie, noch lastet der Alp der Geschichte – und dabei lautet das tschechische Wort für den Böhmerwald so lautmalerisch schön und treffend „šumava" – der rauschende Wald ...

Ich wollte unbedingt einmal Adalbert Stifters Geburtshaus sehen in Oberplan. Das war ja einmal deutsches Kulturland ... Immer wieder hat mich bei Stifter ergriffen, wie er den Wald schildert – als bedrohlich und zugleich als idealen Hort des Friedens, von dem sogar ein italienisches Sprichwort kündet: „Pace non si trova senon nei boschi – Friede findet sich nirgends denn im Wald".

In der Mittagsstille kehrte ein Mann eine Hauseinfahrt – die Schuhe knirschten auf Asche. Ich fragte nach dem „Dum Stiftera" – leicht sei es zu finden ... Ein weiß gekalktes Haus, einstöckig, gut erhalten und tatsächlich zweisprachig beschildert – der blanke Stolz, der Nationalstolz hat hier also nicht das blanke Messer der Ausrottung gezogen: Stifters wird in Deutsch und Tschechisch gedacht, und doch hört es sich eigenartig an, wenn man die tschechische „Widmung" sich vorliest: „Byl věrným synem šumavy jejiz krasu a minulost opěval ve svych djlech – er war ein wahrer Sohn des Böhmerwaldes, seine Schönheit und Lieblichkeit besang er in seinen Werken ..."

Die noch immer etwas primitiven Grenzabfertigungsanlagen inmitten dieses östlichen Westwalls waren längst vergessen – wir ließen uns auf kaum befahrener Landstraße dahintreiben; bald waren wir in Budweis, das wir umrundeten, ehe wir an einem Eisweiher einen Parkplatz fanden.

Der Marktplatz von Budweis gab eine Ahnung von früherer Pracht: mit italienischer Weite, mit italienischem Atem und dem dazugehörigen Farbensinn war der Marktplatz, einer der größten Europas, gebaut; es war noch zu spüren, daß es mit dem Restaurieren hapert, doch der Wille zur Erhaltung war sichtbar. Der Platz ist in der Mitte etwas erhoben, dort trägt er einen Brunnen – und die Mitte ist gefasst von umlaufenden Kolonnaden; manche Fassade verriet mit Wasserspeiern frühere Pracht, indes die Auslagen der Geschäfte einen bescheiden, „kleinbürgerlichen" Eindruck machten.

In einer Kavarna dort dann der erste Sprung ins kalte Wasser des Tschechischen; die Augen müssen sich erst gewöhnen – an das Angebot, an die Bescheidenheit, und dann an die Wärme, die vom Bescheidenen ausgeht. Angetan mit Wollstrümpfen und einer Kittelschürze zapfte eine Frau den heißen Kaffee; alle dazugehörigen Gerätschaften glänzten im Glanz des Notdürftigen – und doch war es gemütlich, als wir mit einem Kuchenstück und Kaffee an einem runden Tischchen standen.

Wieder überließen wir uns der böhmischen Weite, kamen spät abends nach Tabor, suchten nach dem Stadtzentrum und gerieten, nach einigen Runden, in ein düsteres Viertel: „Wie in Sizilien", sagte unsere sechsjährige Tochter, „nur sind dort die Häuser schöner". Die Altstadt von Tabor mutete in der Tat wie ein sizilianisches Räubernest an: anbrüchige Häuser, dunkel und fahl; kaum Lampen, holprige Wege – und dort, wo der Verkehr flutete, erschienen die Häuser im aschenen Einheitsgrau.

Ein allzu westeuropäisches Hotel stieß uns ab – wir suchten etwas Bescheideneres, Volkstümlicheres; fanden es auch, nur fehlte es für uns acht Reisende zunächst an Zimmern. In einer holprigen Mischung aus Deutsch und Tschechisch taten wir zuerst kund, daß wir durchaus Geduld hätten – unterdessen erklangen aus dem Speisesaal die Rhythmen zu einem Hochzeitstanz –, und ob die Dame an der Rezeption nicht doch überlegen möchte ... Sie überlegte lange und prüfte, fragte, ein kleines Kollektiv wurde zur Beschlußfassung zusammengerufen, und siehe da: nun gab es vier Zimmer, und sogar noch ein fünftes zum Wechseln, weil in einem die Heizung nicht funktionierte. Aus diesem Grunde hatte ich zuvor schon ein anderes Hotel passieren lassen: Da brauchen wir gar nicht erst zu fragen – ein Haus mit einer so großen Fassade, mit so uraltem Aschgrau kann in diesem Land einfach keine funktionierende Heizung haben ...
Abendgang in Tabor: Es wurde dann doch etwas lichter, auch eine Weinkneipe am restaurierten Altstadtplatz fand sich: mit freien Plätzen, mit überaus freundlicher Bedienung, mit lauter jungen Menschen, denen man jetzt anmerkte, wie gerne sie aus dem Sprachkäfig des Tschechischen zu uns herüber gesprungen wären ... Schauerlich war beim Nachhauseweg, nicht weit weg vom Zentrum, ein pompöser Palast, auch er aschgrau – vielleicht diente er einst als Opernhaus; gewiß residierten hier die Russen, denn außen nichts als kyrillische Aufschriften: als wäre hier die Zeit um 1953 stehen geblieben – „Slava velikomu Stalinu – Ruhm dem großen Stalin", das stand im Februar 1989 hier noch zu lesen. Und von erschütterndem Verfall gezeichnet die Rückseiten des schönen Altstädter Platzes und erst recht die Häuser auf dem Burgberg: eine Zumutung, eine Demütigung für die hier Lebenden. Da helfen auch die kasernenartigen Wohntrakte außerhalb nicht – es ist eine Schande. Etwas von dieser Düsternis ist ja noch zu hören in „Tabor", jenem Stück aus Smetanas „Ma Vlást", „mein Vaterland": Tabor, die einzige nichtdeutsche Stadtgründung in Böhmen, der Hort der Hussiten – als wirkte noch immer ein Fluch nach auf die einstige Empörung der Hussiten. Wieder einmal bedachte ich das Schreckliche der „Eiferer", die wähnen, sie hätten nun die eine Wahrheit – derlei wird immer ein Wahn, der andere nötigt.
Als wir des nachts nach Hause gingen und uns erinnerten, wie scheu, ja geradezu vermummt uns ein junger Tscheche den Weg zum Hotel wies und dabei zur Abstandswahrung englisch sprach, da fiel uns eine

modere Pizzeria auf: sie könnte vom Design her in Westdeutschland sein – aber, am anderen Morgen noch eindringlicher zu spüren, daß sie hier einen Ort nicht aus dem Dreck ziehen können ... Eine obszöne Geste geradezu: wie da jemand mit einem kleinen Besen vor seiner Haustüre kehrte – der Staub war nicht zu besiegen ...
Anderntags hatte Rauhreif die Gegenwart des Februar betont. Nun war die Luft klarer. Lange suchten wir einen Weg zu einem Kloster, das einst ein Pilgerort gewesen sein soll. Endlich fanden wir die Zufahrt, die eher einem Feldweg glich. Klokoty – war das nicht tiefer Osten, jetzt? Eine kleine Kirchenburg mit dem Anhang eines Friedhofs – fünf Türme fassten mit einer Mauer den Klosterkomplex; weiß waren seine Mauern, als hätte man in einem Gnadenerlaß dieser Kirche Wiedergutmachung widerfahren lassen. Fröhlich und einladend klangen die sechs Glocken vom Glockenturm – und die Hörer des Wortes Gottes kamen. Die Kirche war bei ziemlicher Kälte voll. Wir hörten den katholischen Gottesdienst in Tschechisch – in solchen Diensten verliert jede Sprache die Schuldenlast der Geschichte. Es war etwas vom uralten Zauber der Kirchenoase zu spüren – da werden die Lebensumstände nicht zum Ausschließlichen, eher gleichen sie einer Passage.
Der wahre Mut zeigt sich im offenen Bekenntnis. Doch wieder einmal war zu bedenken: Grenzenlos darf das Erdulden von Verfolgung nicht sein – nur aus dem Erdulden heraus kann Lebensfreude nicht wachsen, einmal muß ein Ende des Elends absehbar sein ...
Wenn man Nürnberg-Erlenstegen Richtung Osten zu verläßt, dann passiert man rechterhand, an den letzten Häusern, einen sehr alten Sandstein, der ans beginnende „Böhmische" erinnert – so nah reichte einst Prag heran: „Versuchte Nähe" – und immer wieder reißt sie ab. Gleichwohl kerben sich Erinnerungen ein, die an ein Land binden; Erinnerungen, die verschiedene Schichten Geschichte mühelos durchstoßen und also wieder Verbindungen herstellen.
An diesen Nürnberger Grenzstein mußte ich denken, als wir uns auf der Autobahn von Süden her Prag näherten. Es war ein verblüffender Anblick jetzt: Das ‚Goldene Prag' zeigt sich hier in Gestalt eines langgestreckten Betonriegels.
Diesmal wollten wir Prag nur rasch passieren – noch immer brennen mich, wie Wunderinnerungen, jene Tage im Oktober 1968, als die Fahrzeuge der Sowjetarmee – mit dem weißen Längsstreifen – die

Stadt, das ganze Land besetzt hielten, zugriffen, um einen Geist auszurotten. Die sichtbaren Wunden von damals sind alle vernarbt, verwachsen. Wir fuhren durch Prag, ich suchte einen Weg, um in der Nähe der Karlsbrücke den Wagen stehen zu lassen – nur einen kurzen Gang wollten wir machen. Da schaute ich auf ein Straßenschild : „Haštalska ulice". Das war sie, die dunkle Straße, im Herbst 1968, da wir in einer verrufenen Unterkunft mit sowjetischen Offizieren über Recht und Unrecht des Einmarsches stritten. Nun lag dieselbe Straße in hellem Licht; Ocker, Gelb und ein dunkes Rot leuchteten – als wäre vor einundzwanzig Jahren nichts geschehen. War das alles nicht auch zu sehen als eine späte Strafe für das, was nach 1945 den deutschen Einwohnern dieses Landes widerfuhr?
Zweierlei Überlegungen gingen mir jetzt durch den Sinn. In diesen Tagen hatte ein Tscheche in der sowjetischen „Literaturnaja gazeta" einen „Brief aus Prag" veröffentlicht, worin er einerseits vom Glauben seiner Generation an Stalin schrieb, sich dazu bekannte, auch zu der Schwierigkeit, die ‚Irrtümer' in Kauf zu nehmen – andererseits wies jener Briefschreiber die in Prag häufig zirkulierende Gleichsetzung zurück: daß man Alexander Dubček mit Michail Gorbatschow vergleiche – das ginge entschieden zu weit ... Aber immerhin: Es wurde der verfemte Name wieder einmal offiziell beim Namen genannt. Wie schwer muß es doch fallen, etwas auszusprechen, was man am liebsten auslöschen möchte...
Die zweite Überlegung betraf ein Buch mit Dokumenten der Austreibung der Deutschen aus dem heutigen Staatsgebiet der Tschechoslowakei. Die Details waren grauenhaft und bitter. Es ging wohl um Deutsche – aber die Nationalität spielt in solchen Fällen überhaupt keine Rolle: Es geht um die Fähigkeit des Menschen, anderen Unrecht zuzufügen – ungestraft, vorsätzlich und willkürlich.
Erst wenn beide Fälle wieder frei besprochen werden können, wird das Gift aus den Beziehungen zwischen Deutschen und Tschechen allmählich weichen.
Das Vorbehaltlose im Umgang zwischen Menschen – das wünscht man sich eigentlich überall: von freundlichen Kellnerinnen, wie in der „malostranská kavárna" auf der Kleinseite, oder Reisenden allein ist das nicht zu leisten. War es in der Kleinseite das Unversehrte der Architektur, das offenkundig Stehengebliebene, das uns bezauberte? Ein ansteigendes Stadtviertel mit dem Aroma aus Dauer und Zerfall

gab eine Vorstellung von der Stadt als Gehäuse, als Lebensraum, in dem das Wilde, das Verwilderte noch zugelassen ist.
Mit einer der roten Straßenbahnen fuhren wir zum Wenzelsplatz. Ich wollte nichts ansehen – mich freute es, daß in kleinen Holzbuden Frauen bemalte Ostereier verkauften. Auch das sind so kleine Bastionen, die einer Stadt, einem Land Halt geben.
Unser Bogen durch Ganz-Nah-Ost führte jetzt weiter nordwärts. Herrlich lagen die Weinberge bei Mělnik oberhalb des Stroms. Herrlich war das Rund des Marktplatzes. Verlockend sahen die beiden Weinkneipen aus – nur weit und breit kein Hotel, und das einzige in der Nähe war eine Baustelle. In Litomeřice begann es schon zu dunkeln. Mitten in Europa – und keine Aufnahmekapazität für Fremde. In einer Absteige für Arbeiter mühte sich eine ältere Frau am Telefon; sie mühte sich sehr – und in Lovisice wurde sie fündig.
Zu später Stunde war's uns gleichgültig, was man uns anbot. Die Zimmer waren akzeptabel, das Abendessen nicht minder – bei Kraut, Kartoffeln und Schweinefleisch wunderte sich Freund Christian über den hohen Alkoholgrad des „Litomeřicky ležak": in dieser nordtschechischen Brauerei gibt man dem Bier 12%... Doch anderntags konnte uns das wohlschmeckende Bier den Blick nicht vernebeln für das Graue, das Aschene des Ortes. Die Kirche neben dem Hotel war in einem erbarmungswürdigen Zustand. Man wich ihr instinktiv aus – jeden Augenblick konnten Mauerbrocken herabstürzen. Auch die Gesichter der Häuser machten diesen müden Eindruck. Gleichwohl erfreute uns ein Laden, der frühmorgens für die arbeitende Bevölkerung geöffnet hatte und Wohlschmeckendes bereithielt: auch Brühwürste, eben aus heißem Wasser geholt, dazu belegte Brote – wir aßen mitten unter den Menschen, auch mit einem Schuß schlechtem Gewissen: denn für das bei der Wirtin gewechselte Geld aßen wir hier gleichsam umsonst; eigentlich waren wir Betrüger.
Eigentlich war auch der Marktplatz von Litomeřice hübsch; die Vorfahren konnten das in Europa: einem Ort eine Mitte geben, aber die Nachkommen: womit waren sie denn nun über vierzig Jahr beschäftigt, so daß sie keine Zeit fanden, das Erbe zu erhalten, auf daß es einen nicht verschreckt? Gewiß, sie restaurieren auch hier – nur kriegen sie das Grau so schwer weg; irgendwie, hast du das Gefühl, hat diesen Menschen hier eine Macht das Gemeinschaftsgefühl kaputt gemacht. Jeder schaut zu, was draußen passiert, aber dabei hat er eigent-

lich nur das im Auge, was ihn selber, unter schwierigen Lebensbedingungen, ein wenig weiter bringt. Es lagen in einem Zeitschriftenladen mitten in Litoměřice allerlei Zeitungen und Zeitschriften aus; das sowjetische „Krokodil" machte geradezu hämische Witze – nur die tschechischen Brüder beschäftigte das nicht. Mir fiel jetzt der Witz eines tschechischen 'Auswanderers' ein: „Kennen Sie den höchsten Berg Europas?" – „Na, wenn Sie so fragen, natürlich nicht ..." – „Es ist die Tschechoslowakei: seit 1948 geht es abwärts, und sie sind immer noch nicht unten ..."

Tief unten lag in Litoměřice ein kleiner Laden, dessen Angebot uns überraschte: Es gab Kerzen, Kirchenkerzen, Heiligenbilder, auch ein Neues Testament, sodann einen Nikolaus aus breitem Stroh geflochten, und für die Autofahrer einen Heiligen Christophoros – den wollt' ich unbedingt, und Sv. Krystof ochrance motoristu, beschützt jetzt auch unser Auto. Aus purer Sympathie kauften wir einen Packen weißlichgelber Altarkerzen – aber zu Hause entpuppten sie sich als Stearinkaskaden, die unaufhörlich weißliche Lava herabströmen ließen; mein Gott, müssen dort die Altartücher aussehen ... Daß man dem Menschen derlei zumutet, und daß er sich derlei zumuten läßt ...

Und in eben diesem Leitmeritz kam der Zeichner Alfred Kubin 1877 zur Welt ... „Besuch in der Heimat" heißt einer seiner anrührenden autobiographischen Texte: 1928 im „Sudetendeutschen Jahrbuch" gedruckt.

Die Landschaft weiter nordwärts gefiel mir – sie wirkte anmutig, manchmal, wie bei Karlstein, am steilen Felsen, beinahe dramatisch; noch mehr aber gefiel mir das Kleine, das Behutsame: wie sie hier mit ihren Häusern in der Landschaft kuscheln – wo du hinschaust, es gibt nur das Lebensnotwendige.

Wir fuhren über Usti nad Labem und dann nach Teplice. Auch das sollte einmal aufhören, in Europa, daß man Orte, wie Diebesgut, so einheitlich falsch deklariert: es wäre doch keine Demütigung für einen Tschechen, läse er am Ortsschild auch den deutschen Namen: Lobositz, Leitmeritz, Aussig und Teplitz.

Auch wenn da jetzt längst keine Deutschen mehr wohnen: warum wollen sie mit ihren reintschechischen Ortsnamen ein Stück Geschichte verleugnen? Das wäre vielleicht von Italien zu lernen: mag es auch dort hapern zwischen Italienern und Südtirolern – immerhin ist's in Südtirol die Regel, Fortezza neben Franzensfeste, Brixen neben Bressanone auf dem Ortsschild stehen zu lassen ... Schließlich läßt sich Geschichte nicht wegzaubern, und gerade in diesem böhmischen Nordstück war ja, über Jahrhunderte hinweg, immer das Europäische am Mischen. Ein wenig davon haben sie in Teplice kapiert und wiederzugelassen: dort, wo am Park aufs schönste restauriert wird, haben Italiener mitgewirkt, und auch die Farben leuchten italienisch; dann steht am oberen Platz die Kirche der Orthodoxen, der pravoslavny chram, Beethovens Aufenthalt hier wird gedacht. Auch Liszt war hier und der russische Zar Alexander I. Nun wäre es an der Zeit gewesen, aus Goethes Briefen vorzulesen – doch der Band lag im Auto; Freund Christian hatte die passende Lektüre dabei – er las uns im Café aus dem Rübezahl vor: „Wie Rübezahl zu seinem Namen kam“ ...

Ich bin überzeugt, daß es zu den vornehmsten Gaben solcher Geister gehört, daß sie sich dem, der nicht an sie glaubt, verbergen; wer aber an solche Wirkungen geheimnisvoller Kräfte glaubt, dem spielen sie immer wieder zu und eröffnen ihm Zusammenhänge. Wir fuhren jetzt westwärts, am Südabhang des Erzgebirges entlang. Oben, im Gebirge, an der Grenze, heißt ein Ort noch immer 'Gottesgab' – wenn auch auf Tschechisch: „Boži Dar“. Daß man einst einen Ort als Gottesgabe auffasste – das ist verschwunden. Das „Sudetenland“, als Land von Sudetendeutschen bewohnt, gibt es nicht mehr – gleichwohl kennt auch das Tschechische auf seiner Landkarte, im Nordosten, noch immer den Gebirgszug der „Sudety“. Was war das für eine Zeit, als ein Wort noch nicht mit Geschichte belastet war ... In meinem Meyer'schen Konversationslexikon von 1897 waren die „Sudeten“ nichts weiter als eine geografische Bezeichnung für das „sudetische Gebirgssystem“: eine Anzahl nach Form und geognostischer Beschaffenheit sehr verschiedener Gebirgszüge, die sich vom Elbdurchbruch in südöstlicher Richtung erstreckte – mit einer Längsachse von immerhin 310 km. Boten sich solche Gebirge auch als Grenzlinien an: sie waren doch auch Gelände für Kreuzungen: das Mährisch-schlesische Gesenke gehört dazu, der Hirschbadkamm, das Reichensteiner Gebirge (mit Schiefer und Serpentin), das Glatzer Schneegebirge, das Adlergebirge – bis hin zu Isergebirge und Lausitzer Gebirge ... Erst 1902 wurde der Name „Sudetendeutsche“ geprägt: für die Deutschen in Böhmen und Mähren. Diese Deutschen wurden in den Staatsverband der Tschechoslowakei „eingefügt“; 1935 waren es

immerhin 3,1 Millionen. Zwei Jahre zuvor war die „Sudetendeutsche Heimatfront" von Henlein gegründet worden, die als Partei 1935 in der Tschechoslowakei an Stimmenzahl die stärkste wurde. Drei Jahre später wurde das „Sudetenland" ein eigener „Reichsgau" – im Anschluß an das „Münchener Abkommen", mit Reichenberg als Hauptstadt und nahezu drei Millionen Einwohnern ... schließlich die „Sudetenkrise" ... Was ein anderes Lexikon lapidar dann so bezeichnet: „kam 1945 an die Tschechoslowakei zurück" – das ist einer der klassischen Lügensätze von mächtiger Geschichtsschreibung: Es wird eine richtige Tatsache genannt, doch die ihr zugrunde liegenden Tragödien werden verschwiegen. Wohl 'kam das Land zurück' – nur seine Bewohner wurden auf mörderische Weise ihres Landes verjagt. Im wahrsten Sinne des Wortes wurde diese gewaltsame Lösung zu einer Loslösung, zu einer Trennung, schärfer als eine Scheidung.
Versenkte Schiffe sollten auf dem Meeresgrund liegen bleiben – und gleichermaßen müßte das Wort „endgültig" in seine Schranken verwiesen werden: nicht auf die Beseitigung von Grenzen kommt es an, und schon gar nicht auf eine Revision von staatlichem Landbesitz – die abweisende Grenze müßte sich durch das Verhalten der Menschen erübrigen, an ihre Stelle könnte die gegenseitige Achtung treten. Ein Vorkämpfer dafür ist immer wieder die Literatur, und zwar die der Betroffenen.
Jetzt gilt es an Josef Mühlberger zu denken. Er stammte aus dem böhmischen Riesengebirge – nach der Vertreibung lebte er in Württemberg, und er hat nicht vergessen und zugleich nicht an Rache gedacht, sondern tschechische Literatur ins Deutsche übersetzt: als Friedensdienst. In seinen Erinnerungen schrieb er im Kapitel „Vertreibung" von der Unfaßbarkeit der großen Fülle von Unheil und Unglück, und daß „das Allgemeine" uns vom größten Leid, „das Millionen Menschen traf, nichts sagen" kann. Darum wandte er sich dem Einzelschicksal zu, erzählte die Geschichte einer Familie: sie hat ihr Haus schon verlassen, die fremden Neuankömmlinge stehen schon vor dem Haus, das ihnen wie Raub zufiel – da nimmt der Familienvater den Hut vom Kopf, faltet die Hände und betet den uralten Haussegen: „Gott segne dieses Haus und alle, die da gehen ein und aus! Amen." In diesem Segen liegt die Fähigkeit des Menschen, vergeben zu können, fähig zu sein für Verzeihung. Wenn in Mühlbergers Schriften auch immer wieder jenes sehnsüchtige „Ich wollt', daß ich daheime wär'"

aufklingt – er gibt der Vertreibung einen zusätzlichen Sinn: „In der Fremde sind wir, die wir die Heimat verloren haben, im Elend. Nehmen wir alles in allem! Wir sind es immer, die Vertreibung macht es uns nur deutlich, daß die Erde nichts anderes als eine Elendenherberge ist, eine Station auf unserem Pilgerweg – wohin? Ja, wohin gehen wir? so fragt der Dichter Novalis und antwortet: Immer nur nach Hause." Eindringlich ist auch Mühlbergers Erinnerung an jene Leichtfertigkeit des Menschen: „Da man das Recht nicht finden konnte, fand man die Macht".

Eine Spielart von Macht hat dieses Land, durch das wir nun westwärts fuhren, nach dem Kriege geprägt: Es ist nicht nur Industrielandschaft mit all ihrem Unrat – es ist streckenweise umgepflügtes Land; Erde, in die der Mensch mit Riesenhänden hineingreift – man sieht an den Ausdehnungen dieses Zugriffs, daß Ausbeutung der Erde auch Schändung sein kann, wenn man die ausgebeuteten Wundstellen nicht wieder pflegt. Es waren während dieser Fahrt Anblicke des Grauens: die Erde wird auf Teufel-komm-raus ausgenutzt – dann verwaist sie, wird trostlos. Die beiden rasch aufeinander folgenden Atomkraftwerke muteten dagegen geradezu normal an, doch die Landschaft hat etwas von ihrer Anmut verloren, wenn man spürt, daß die Menschen sich ihrer nur bedienen und wenig zurückgeben.

Ich mußte zwischendurch immer wieder an die Arbeit meiner Frau an ihrem sudetendeutschen Kochbuch denken: wie einfach diese Rezepte oft sind – und wie sie aus einer innigen Bindung an die heimische Landschaft leben, wie sie der Armut mit Stolz, mit Wissen begegnen. Kochen, hier ging mir das zum ersten Mal auf, hat auch etwas mit Gewissen zu tun – es ist ja mehr als nur Verantwortung um das eigene leibliche Wohl: Kochen hat immer auch mit einer Übereinstimmung mit dem Lebensumfeld zu tun – auch wenn uns heute eher exotische Rezepte zur Nachahmung anregen.

Erst in Karlsbad selbst fielen die alpträumerischen Landschaftsschändungsbilder wieder ab; Karlsbad ist, wie die anderen böhmischen Bäder auch, eine Oase geblieben, eine letzte Zuflucht. Hier haben die Bäume wieder Aufenthaltsrecht – und wenn es auch nur unter dem Vorwand geschieht, Besucher aus dem Westen in den so ganz nahen Osten zu locken: hier sprechen die Bäume, sie klagen nicht über die Last der schmutzigen Luft. František Hrubin hat es in einem Gedicht dargestellt: „Was der Quendel den Kinde sagt": „Voní, zpívá celá zem,/je nám, děti, dobře všem!“ – und Josef Mühlberger hat es übersetzt: „Duft, Gesang die ganze Erde –/Kinder, geht's uns allen gut!“

Nach der aufgebrochenen Erde, nach dem Braunkohleschmutz war Karlsbad eine Wohltat. Wieder einmal saßen wir im altrosa strahlenden Café „Elefant“. Es gibt besondere Orte in Europa, die nicht nur durch Heilwässer heilsam wirken, sondern durch die Anziehungskraft ihrer ganzen Atmosphäre; man spürt das auf Schritt und Tritt hier: in diesem Ort war neben zahlenden Gästen immer auch der Geist willkommen in Gestalt von Künstlern. Die Liste der illustren Gäste ist lang – diesmal fielen mir besonders die Russen auf; beim ersten Besuch war ich fast nur Turgenjew begegnet – nun sah ich die Hinweise zu Aleksej Tolstoj und Batjuschkows Besuch von 1821. Am russischsten von allem ist freilich die Kirche der russisch-orthodoxen Kirche, deren Goldkuppeln weit in das Tal der Ohře hineinleuchten.

Vor unserem Hotel stand, in der üblichen Herrscherpose, Wladimir Lenin – starr, steif, starrsinnig, ein Ausschließlichkeitsfanatiker; ach, hätte er Goethes Brief an den Freund Knebel vom 9. 11. 1814, in Karlsbad geschrieben, doch gelesen: „... es bleibt jedem überlassen, wie er sich im Unglück helfen und im Glück finden kann ...“ Goethe hielt sich auch hier an seine Maxime, daß er „niemanden in seiner Lebensweise irre gemacht“ habe. Klingt nicht etwas von solchem Selbstwertgefühl auch an in diesem Kochbuch ...

Die erste Pilgerreise, wenn auch in kleinem Umfang, die ich in diesem Jahr zusammen mit meiner Frau unternommen hatte, führte uns in einen Ort, den wir bislang gemieden hatten: Altötting. Ingrid meinte eines Tages, daß es doch bedenklich sei, wenn wir zumeist nur ins Ausland pilgerten – ob es denn nicht auch im Inland echte, des Hinpilgerns werte und würdige Orte gäbe ...

Oft hängt das Gelingen solcher kurzen Ausflüge auch vom raschen Entschluß ab – das Eisen der Neugier muß noch heiß sein, dann ist auch die innere Aufnahmebereitschaft größer. Manches berührte uns in Altötting; zunächst war es die Reinheit der Ausschließlichkeit – wie da eine kleine Kapelle inmitten eines Ortsplatzes steht, und wie da die Wände nach und nach zuwuchsen mit Votivtafeln. Eben deren Einfachheit prägte sich uns ein: da war ein Ochsengespann dargestellt, wo ein Tier ausbrach, so daß ein Kind herabstürzte und der Karrenreifen seinen Leib durchschnitt – und doch geschah das Wunder der Heilung; ein andermal, mit beinahe kindlichen Zügen gezeichnet, ein Bild aus dem letzten Krieg, da ein deutscher Panzer einem russischen gegenübersteht – und auch da das Wunder der Rettung des Einzelnen. Solche Bilder schärfen den Sinn für das Heilige Bild, auch für das Heiligenbild.

In der Karlsbader orthodoxen Kirche waren es weniger die Ikonen der Heiligen, die uns ergriffen als vielmehr die Darstellung einer aus der Ukraine stammenden Frau, die uns „ die Seele" als Mitgift Gottes für einen jeden beschrieb. Dann gab sie uns ihren Segen für den Weiterweg – und: „wir sollten den Glauben bewahren".

Etwas von dieser bewahrenden Kraft steckt auch in diesem sudetendeutschen Kochbuch. Wenn ich die Arbeit meiner Frau daran begleitete, entzückten mich nicht nur die köstlichen Namen mancher Rezepte, sondern auch die selbstverständlichen Hinweise auf ein hineingenommenes Brauchtum: wie 'die Fasten' oder die Hervorhebungen von Festen, die zum christlichen Jahr gehören. Da ist das Essen, neben der Alltagsversorgung, auch noch auf einen Festkreis, auf einen Jahreskreis bezogen – es dient mit einem höheren Sinn. In unserer Zeit, da zu jeder Zeit jedes Lebensmittel verfügbar ist, kann man leicht in seiner Überheblichkeit bestärkt werden: weil man ja auf die Reifezeiten der Früchte nicht mehr angewiesen ist – und wie schön ist es, wenn man sich selbst freiwillig dieser Spannung unterwirft: Erdbeeren eben erst in der Erdbeerzeit; den Spargel sehnsüchtig erwarten und dann ein Jahr lang wieder auf ihn verzichten, und auch für die Kinder steigt der Wert manchen Festes, wenn eben erst ab Pelzmärtel die Lebkuchen auf den Tisch kommen ...

Inzwischen sprachen wir natürlich auch in Karlsbad der böhmischen Küche zu. Es gefiel uns, daß der Kellner im „Budweiser" ganz selbstverständlich jeweils die leeren Biergläser durch volle ersetzte, ohne daß wir nachbestellen mußten. Freilich war er verblüfft, als wir eine zweite Lage der „Knedliki mit Kraut und Schweinefleisch" nachbestellten ... Dazu das heitere Gesumm der Stimmen: Es galt hier dasselbe, was einst Jan Neruda in seinen „Povdiky malostranské", in seinen „Kleinseitner Geschichten" beschrieben hatte: „... in meinem Altstädter Gasthaus. Unter diesen Menschen sammelt man geradezu neue Kraft und ist dann wieder fähiger zu geistiger Arbeit" (1877). Auch darauf kommt es an: daß im Fremden, im Ausland der Impuls

zur geistigen Arbeit verstärkt wird. Neben der Führung des Tagebuchs ist das für mich stets auch der Jagdgang durch die 'lokale Literatur'. Vielleicht, wenn man ganz alt ist, wird es belanglos in welcher Sprache ein Schriftsteller schrieb – solang man aber immer noch in den Anfängen des Lesens der Weltliteratur steckt, wirken manchmal Bücher als die eigentlichen Eingangspforten in ein anderes Land; dann sind die Dichter die besten Anwälte des Verständnisses mancher Eigenart. So hatte ich drei Jahre zuvor in Franzensbad den Anstoß bekommen, endlich Božena Nemcovas „Großmutter" zu lesen – diesmal fand ich in der Karlsbader Buchhandlung die „Bilder aus dem alten Prag" vom schon erwähnten Jan Neruda (1834 – 1891). Es gelingt solchen Schriftstellern immer wieder, einem Augenblick Dauer zu verleihen, die mit ihrer Gültigkeit ein Widerlager zu allen anderen Veränderungen bildet. Ähnliches gilt für die Musik; man ist in der Heimat eines Komponisten seinen Werken einen Schritt näher, zumal wenn man in der Reisebibliothek einen Band über Smetana und Dvořak mitführt. Man sieht gleichsam noch etwas vom eingearbeiteten Rohmaterial. Lange dachten wir an Smetanas Armut, auch an seine Ertaubung – und wie der Schmerz darüber in seinem ersten Streichquartett, dem in e-moll („Aus meinem Leben"), stechend nachklingt ... Natürlich war auch ein Buch zum Vorlesen dabei; Kinder mögen es, wenn gerade in der Fremde etwas Vertrautes mit dabei ist, das wie ein Schifflein die Fahrt auf fremdem Gewässer sicherer macht – diesmal war es einer der Bände von Werner Bergengruen, eine seiner Geschichten vom „Zwieselchen".
Als Eltern sind wir mit verantwortlich, daß die Kindheit der uns anvertrauten Kinder an wertvollen Erlebnissen reich wird; freilich, erzwungen kann ein Erlebnis nicht werden – hinführen kann man, dann springt auch etwas von der Erkundungsleidenschaft der Eltern über: ob sie nun in Büchern wühlen, sich nach Schallplatten umschauen, Kerzen kaufen, ein zartes Tuch prüfen oder bereit sind, in sämtlichen Karlsbader Läden nach entsprechenden Batterien für ein DDR-Export-Spielzeugauto zu suchen ... Erlebnisse aber „können nie gemacht werden", schrieb C.G. Jung 1932, doch es „gibt Wege, die in die Nachbarschaft des Erlebnisses führen, aber man sollte sich scheuen, diese Wege 'Methoden' zu nennen, denn dieser Name wirkt lebenertötend ..."
Das war auch etwas, was mir an diesem Kochbuch so gefiel: die erste

Sammlerin dieser Anweisungen verfügt wohl über Kenntnisse und Wissen, gibt Wege an, aber sie verzichtet auf die vermeintliche Sicherheit der Perfektion: nie sind da die Minuten angegeben, nach denen man die Uhr einzustellen hätte, um dann beim Rasseln der Herduhr den fertigen Braten oder Kuchen aus der Röhre zu holen. Hier wird der stets mitwirkende, mitschauende, mitsorgende 'Koch' gefordert. Hin und wieder macht man bei solchen Reisen des abends das alte Spiel, das in Gemeinschaft reizvoll ist: „Welches wären deine zehn Bücher, die du auf die berühmte Insel mitnähmst?“ Eigenartig: nie ist ein Kochbuch darunter, allenfalls Brillat-Savarins „Physiologie des Geschmacks“ ... Nun, für Gourmets scheinen die „Wasserspatzen, Bärenpratzen und Äpfel aus dem Paradeis“ zunächst nicht gedacht – doch entfaltet diese Sammlung einen anderen Zauber: mit manchem Rezept stellt sie buchstäblich die Ursprungslandschaft einer dieser Speisen vor Augen, und auch die Einfachheit, die leichte Nachbaubarkeit ermuntert einen. Und gerade dies kann ich aus eigener Erfahrung bestätigen: Wer das Kochen nie von Grund auf erlernt hat, sondern eher aufgrund seiner heutigen Lebensumstände mehr nolens volens zum Nebenerwerbs-Hausmann wurde und dadurch schon viel Unheil in der Küche angerichtet hat, der bekommt in diesem Buch nochmals einen Grundkurs, eine Grundausstattung für Kenntnisse, die man nicht mehr missen möchte. Vielleicht hat diese Neuausgabe neben der Erinnerung an eine östliche deutsche Küche auch deshalb ihre Bedeutung, weil sie ein Pendant zu jenen Büchern bildet, die heutzutage sozusagen zum Ergänzungs-Luxus-Inventar unserer Küchenbücher gehören – reichend von „Indianerrezepten“ bis hin zu „Walfischsuppen der Grönländer“ oder anderen Feinheiten der „nouvelle cuisine“ ...

Immer wieder hörte ich meine Frau beim Durcharbeiten sagen: „genauso hat es meine Mutter in Schlesien auch gemacht ...“ Manches Rezept löste Erinnerungen aus, Erzählungen – etwa von den großen Kuchenblechen, die einst die Schwiegermutter vor Weihnachten den Armen durch die Kinder überbringen ließ. Und ich sagte dann: „Nun wird es Zeit, daß du auch einmal deine Erinnerungen an deine 'polnische Kindheit in Schlesien' niederschreibst – sie hätten in Josef Mühlbergers „Kindheit in Böhmen“ einen Bruder ...

Zwischendurch waren wir durch die große Karlsbader Trinkhalle gegangen, und Ingrid mußte nun unbedingt eines von diesen goldhenkligen Schnabelkrüglein erstehen, aus denen man schluckweise das warme Heilwasser trinkt. Ich 'trank' in der internationalen Buchhandlung, wo es eine Freude war zu sehen, wie der 'russische Brunnen' jetzt wieder zu sprudeln begann … Weggeschwemmt waren die Breschnew- und Lenin-Ladenhüter, die noch drei Jahre zuvor die Regale wie mit Blei gefüllt hatten – stattdessen hielt die russische Literatur wieder ihren Einzug; freilich ist es noch immer ein Glücksfund, wenn man dann auf einen Jan Neruda stößt, einen Jaroslav Seifert oder Vitězlav Nezval; noch ist es im doch so nahen Osten nicht selbstverständlich, daß das Selbstverständliche immer greifbar ist. Ich bin kein Angänger der Theorie, daß man aus der Not stets die beste Tugend manchen kann – aber aus einer inneren Not heraus wird mancher Fund wertvoller. Jedenfalls macht die Schule der bescheideneren Ansprüche insofern freier als sich ein Gefühl für das Geglückte einstellt, ja auch ein Gefühl der Sicherheit: man ist einer Herausforderung gewachsen und kann auch unter erschwerten Bedingungen etwas hervorzaubern …

Doch wie schwer ist es, mit den geglückten Ausnahmen gegen den Alltag zufelde zu ziehen … So wohl restauriert Karlsbad in seinem Bäderbezirk ist, so schlagartig trüb wird der Ort schon wieder an seinen Rändern; da graust es einen, daß den Menschen solches, und nun schon so lange Zeit zugemutet werden kann. Sind wir nicht ein wenig mit daran schuld? Wir waren auf der Karlsbader Promenade immer wieder beschämt, wenn wir als Westdeutsche um unsere D-Mark angesprochen wurden – zu einem Kurs, der schamlos war. Einmal sagte meine Frau: „Nein, eins zu siebzehn – das kann ich doch nicht annehmen …" Und es betrübte uns auch, daß die rasch geführten Wechselgespräche nur getuschelt wurden, als wähnte jeder in jedem anderen Passanten einen verräterischen Beobachter; man spricht mitten in Europa mit Menschen – und kommt doch nicht mit ihnen ins Gespräch.

Hier spürst du diesen Unterschied besonders schmerzlich: Die Armut an Geld und Dingen – die Armut an Freiheit.

Und so war auch diese Reise, an ihrem Ende, ein Anfang, der die Anregung gab: lern dieses Land genauer kennen, schau dir seine Schichten an – es sind im Osten Reserven anderer Art: die Dinge können es nicht sein; hier lernst du es wieder einmal von vorne: auf den Menschen mußt du dich einlassen …

Wir verließen den Ort. Ganz zum Schluß wünscht man sich ja stets ein Bild, das abschließt – wie Olivenöl auf dem Wein ... Wir gingen noch einige Schritte durch den weitausladenen Park; jetzt traten die Bäume zurück – und inmitten des Parkgrüns leuchteten die Gestalten von Beethoven, Smetana und Schiller: eigentlich ist das ein Land, prädestiniert für das Nebeneinander: nicht nur von Tschechisch und Deutsch. Es müßte ein freies Nebeneinander sein – ohne Verstellung und ohne Lüge ... Da hatte doch meine Frau in Karlsbad ein hübsch bebildertes Kochbuch gefunden, eine Gemeinschaftsproduktion des Verlags „Prace" (Prag) mit dem „Verlag für die Frau" (Leipzig/DDR): es hieß „Tschechische Küche". Seltsam, seltsam, die alte Kunst der Unterschlagung, sagten wir bei der gemeinsamen Lektüre des Vorworts, daß da nur von „tschechischer" und „slowakischer" Küche die Rede ist – denn manches war, wenn auch nicht wortwörtlich, 'unseren' sudetendeutschen Rezepten sehr ähnlich; ja, die Kartoffel war hier zahlenmäßig noch viel stärker vertreten ... Immerhin hat der „Kartoffelsterz" in beiden Büchern seinen Namen behalten ...
Wir fuhren nach Westen, nach Hause – an Eger vorbei, das hier kratzend „Cheb" heißt – doch immerhin war „Nürnberg" als „Nürnberg" auf einem Wegweiser zu lesen. Wegweiser finden – und machen: eine schöne Arbeit.

NÜRNBERG, am 12. Juli 1989

REGISTER NACH KAPITELN

Kleines Süßteig-Gebäck

INHALT